基督教思想再探
三类神学

Christian Thought Revisited:
Three Types of Theology

作者 / 胡斯托·冈萨雷斯（Justo L. González）
英译 / 赵城艺，严锡禹

中文版权 © 贤理 · 璀雅

作者 / 胡斯托·冈萨雷斯（Justo L. González）
英译 / 赵城艺，严锡禹
中文校对 / 甘雨

中文书名 / 基督教思想再探：三类神学
英文书名 / Christian Thought Revisited: Three Types of Theology
所属丛书 / 世界基督教思想史
丛书主编 / 黄路苹，余日新，赵城艺

All rights reserved. English Revised Edition © Justo L. González, 1999. No Part of this book may be reproduced or transmitted in any form or by any means, electronic or mechanical, including photocopying, recording, or by any information storage or retrieval system, without permission in writing from the publishers. For information, address Latreia Press, Hudson House, 8 Albany Street, Edinburgh, Scotland, EH1 3QB; or address Orbis Books, P.O. Box 308, Maryknoll, NY 10545-0308, U.S.A.

本书部分经文引自《和合本修订版》，版权属香港圣经公会所有，蒙允准使用。其余经文直接译自英文原文。

策划 / 余日新，李咏祈
装帧设计 / 冬青
出版 / 贤理·璀雅出版社
地址 / 英国苏格兰爱丁堡
网址 / https://latreiapress.org
电邮 / contact@latreiapress.org
中文初版 / 2021 年 1 月

ISBN：978-1-913282-05-9

目录

001- 系列序
005- 1989年版序言
007- 1999年版序言
009- 中译本序

013- 缩略语

015- 导言

019- 第一部分　三类神学的古典模式
021- 第一章　地域与神学家
037- 第二章　上帝、创造和原罪
055- 第三章　救恩之道
071- 第四章　《圣经》的运用
085- 第五章　视角

099- 第二部分　西方神学的进程
101- 第六章　后期教父神学：奥古斯丁的角色
117- 第七章　中世纪神学
129- 第八章　宗教改革及之后

145- 第三部分　当代的意义
147- 第九章　二十世纪的第三类神学

167- 索引

爱任纽的祷告

因此，我也向你祈求，主耶和华，就是亚伯拉罕的上帝，以撒的上帝，雅各以色列的上帝，我们的主耶稣基督的父，因着丰盛的慈爱向我们施恩的上帝：我们应当认识你，你创造天地，统治万有，是独一的真神，在你之上别无他神；藉着我们的主耶稣基督，赐下你圣灵统治的大能；使每一个阅读此书的人都能认识你：你是独一的上帝。

系列序

　　就学科角度而言，本系列丛书所涉及的内容，属于基督教神学分支下的历史神学。相对于基督教神学的其他科目，历史神学或许不算热门学科。即使对基督教信仰颇具常识之人，亦常将历史神学与教会历史混为一谈。然而，纵使历史神学与教会历史均研究历史，交织诸多，两者却有着迥然相异的学科任务。教会历史着重研究教会作为信仰群体在时间进程中的变迁，历史神学则侧重于探究基督教教义在各个历史时期的发展。因此，我们可将基督教历史神学称为基督教教义史或基督教思想史。本系列丛书便采取后者这一更广义的名称。

　　基督教是一种关切历史的信仰实践。换言之，基督教相信历史满载着意义。历史是人与神圣者相遇的场所：上帝的创造、惠临、教导、应许、救赎和审判无一不在其中彰显。但基督教并不囿于历史的图圄，因为她相信历史之画卷不仅承载着日新月异的发展，以及循环往复的罪恶；历史和人生还有更深层的超越意义，是那"眼睛未曾看见，耳朵未曾听见，人心也未曾想到的"（林前 2:9）。如此看来，不管对历史的超自然主义解释，还是自然主义解释，都绝非基督教信仰的安身之所，因为前者割裂信仰与时空处境，否定历史的相对意义，甚而视历史为万恶之源；后者则陷溺于历史的琳琅与疮痍，拒绝承认一切超越历史的意义与可能性，将个体人化约为扁平单维的生物学、社会学或历史学现象。

要避免此两端绝非易事。基督教发展的历史见证了一代代信仰者与神学家艰苦卓绝的努力。英国当代历史学家大卫·康纳汀（David Cannadine）曾睿智地言道："过去不应该成为令人生厌恶的地方。"的确，历史乃文明的宝库、鲜活的教材，当世之人尤当以史为鉴。过往与现今有着惊人的相似，我们刚行过的路似乎早有人至，前人所站的十字路口仿佛就是我们脚下即将踏上的路。这其实是我们如何看待传统与现代的问题。现代性的主要特征之一，即是将历史看作线性的进步发展过程。由此，现代人常视现时为过往的总括，并据现代视角对传统褒贬与夺，殊不知现代视角远非俯视传统的衡量尺度，却与传统一样，也为时间历史中的一粟一隅。实际上，传统与现代枝叶相持、难以割裂。传统与现代之间的延续性孕育了人类文明的发展，更影响着与人类生存及发展休戚相关的思想观念史。此点在基督教思想的发展中，亦颇为显见。

如果我们诚实面对历史，就必须承认在早期教会的发展史中，正统与异端并不是"非黑即白"的关系。在早期教会，"诺斯替主义"（Gnosticism）这一名称在同一阵营内便包含了宽广且种类繁多的教会派别。同样，在尼西亚争辩中，阿里乌主义（Arianism）是彼时风头占尽的时髦学说。尼西亚神学的胜出，除了阿塔纳修（Athanasius）坚持不懈的奋斗，更直接的原因却是阿里乌主义在实践过程中逐渐暴露出自身体系的种种弊病。就历史事实而言，宗教改革运动的伟大之处并不绝对在于它是一场成功的运动；相反，后期的路德对改教运动的发展表现出失望，且逐渐淡出。路德的继承者梅兰希顿（Melanchthon）和加尔文的继承者伯撒（Beza）都极速奔回经院哲学的方法论来巩固改教成果，以致如今的教会史学家必须在路德和"路德主义"之间、加尔文和"加尔文主义"之间小心加以区别。更勿论宗教改革百多年后的三十年宗教战争，其中周旋着的野心与利益远超于信仰成分。

指出上述种种是想说明，几乎在基督教史的每一页，都能看到神圣与世俗、超越与有限、天上之城与地上之城之间的角力。正是如此的角力，带出了历史中丰富的晦明朝暝及悲欢离合。历史绝非简单的公式，可对可错；历史中的人物亦不是脸谱化的非贤即愚，他们也曾像书前的你我一样，有着鲜活各异的生命。在此，我们诚邀读者再一次随本系列所甄选的著作踏进历史尘封的楼阁，去倾听、体会并反思这一段段或熟悉或陌生的历史。历史本身为有限易逝的相对之物，它在奔腾不息地流变着。因此，我们不能为历史或历史人物高唱凯歌，将其粉饰为绝对。但另一方面，基督教信仰看到绝对神圣者的光芒在历史中显现，这光芒照亮并亲吻着残缺的人世。若将此超越之维弃置弗顾，失却了对历史中颠扑不破之真理的盼望与追求，就无别于焚琴煮鹤。上帝从荆棘里火焰中向摩西显现，摩西并未将荆棘或火焰视作神，荆棘或火焰不过是上帝与人相遇的场所，而当摩西回应上帝"我在这里"之时，上帝即对他说："把你脚上的鞋脱下来，因为你所站的地方是圣地"（出 3:2–5）。

编者
2020 年 5 月

1989年版序言

本书的材料源于我多年撰写、讲授基督教思想史的成果，早在20世纪70年代初就已成形。当时，我任教于坎德勒神学院（Candler School of Theology），与我一同授课的威廉·马拉德（William B. Mallard）和曼弗雷得·霍夫曼（Manfred Hoffmann）曾给予我宝贵的帮助和鼓励。

后来在跨宗派神学中心（Interdenominational Theological Center）授课期间，我扩充了本书的材料，此后便一直在神学教育机构授课时，在给基督信徒讲座中使用。为了满足信徒想更多了解基督教思想史的需要，我决定把这些材料撰写成书。

非常感谢我的妻子凯瑟琳·冈萨勒斯·冈萨雷斯（Catherine Gunsalus González）。她是哥伦比亚神学院（Columbia Theological Seminary）的教会史教授，每当各种工作或我更喜欢做的事让我分心时，她都会鼓励我。在我撰写本书时，她给出许多建议，纠正了许多错误。这些都是极为宝贵的。

胡斯托·L·冈萨雷斯

1999年版序言

本书第一版出版至今刚好十年。十年来，世界发生了翻天覆地的变化。最引人瞩目的是柏林墙被拆毁，这一事件标志着苏联解体。冷战已经结束，全球化进程加速，几乎影响到世界每一个角落。作为全球化的双臂，电脑与通讯技术迅猛发展，因特网普及世界；有了电子科技，全球孩子们的交流畅通无阻。

重要的是，"通讯"（communication）越是便捷，我们彼此之间真正的"交流"（communication）就越少。我不只是说我们之间缺乏真正的理解——我们能够理解彼此；我是说我们没有进行真正意义的交流。"交流"（communicare）的原意是分享或共享。这种"交流"包括分享信息、物品和服务。但是，我们今天特别擅长的"交流"不是分享，而是储存。庞大的通讯网络发展起来，可目的是服务于其掌控者的利益，把信息集中在他们手中，从而让他们掌握权力。

此外，"后现代性"在过去十年成了热门话题。现代性庞大的"元叙事"（metanarrative）显然已经陷入危机。但重要的是，虽然**现代性的**元叙事已经失效，但凭借现代性掌控权力的群体还在使其持续，这相当于权力和控制权仍掌握在他们手中。

最后，尽管生态危机在本书第一版出版时早已凸显，但生态危机近十年来越发严重。全球化还包括生态灾难的全球化。苏联虽然解体，但苏联严重破坏了中亚的自然环境。通讯技术与卫星监控等现代科技迅猛发展，让世人看到就连南极洲、刚果或亚马逊人迹罕至的地区都已遭受人类破坏。

上述进展还导致了神学危机。我在本书所说的"第一类神学"和"第二类神学"难以应对这些危机。第一类神学过于死板，太过依赖传统，对上帝正在施展的新作为视而不见。第二类神学太过理性，对未来过于乐观，完全没有认识到恶的权势。面对21世纪的世界，第一类神学和第二类神学都过于静态，完全不考虑历史处境。在这场神学危机中，我在本书着力概述的第三类神学虽常被人遗忘，却对我们意义重大。

我想这便是本书有了不同用途的原因。很多时候，本书可以用作教科书，向初涉神学的学生介绍基督教思想；有的时候，对于神学似乎不再起效的牧师和教会领袖，本书可以成为他们深入学习的参考书。但不论怎样使用，我都必须提醒读者：本书在于探讨神学的**类型**，其目的不是给当下或未来的危机提供一种神学；本书只想向读者证明，当我们面对21世纪不确定的事物时，初期基督教传统的资源和范例可以帮助我们所有人在面对的过程中学会顺服，充满盼望，委身于基督。

最后，我要感谢的人还有很多：读者、同工和书评家，他们建议我如何修改及补充本书的第一版；奥比斯书局（Orbis Books）和书局的总编威廉·巴罗斯（William Burrows），没有他们的帮助，本书的第二版不可能出版；还有掌管未来的上帝，他永远坐着为王。

胡斯托·L·冈萨雷斯
佐治亚州，迪凯特县
1998年8月17日

中译本序

对或错？符合圣经或不符合圣经？基督教的或非基督教的？我们往往草率地评断周围的世界，简单地以二元思维强调差异。我们轻易把熟悉的事物认定为"好的"，把陌生的事物判定为"坏的"。就基督教而言，我们把从初期教会直到今日大致保持不变的神学思想视为"正统的"神学。我们在思考不符合这一标准的神学时，就批评其受到个人的观念、政治思想或"世界"的影响。然而，这种做法似乎忽视了基督教两千年历史的复杂性。

胡斯托·冈萨雷斯（Justo González）的《基督教思想再探》（*Christian Thought Revisited*）尝试为基督徒理解基督教的历史轨迹提供一种更为细致的方式。作为备受尊敬的教会历史学家，冈萨雷斯出色地证明，从最早的教父直到今天，通常存在三种主要的神学"类型"。第一类神学强调人类如何因违背上帝的律法而有罪，并因此需要基督在十字架上的牺牲，以得到上帝的赦免。我们可以在德尔图良（Tertullian）、奥古斯丁（Augustine）和加尔文（Calvin）身上看到第一类神学。相反，第二类神学意识到罪起因于人无法完全认识上帝。为了完全认识上帝，第二类神学的神学家常常利用其它的知识体系作为"神学的婢女"。第二类神学在亚历山大的奥利金（Origen of Alexandria）、彼得·阿伯拉尔（Peter Abelard）和阿道夫·冯·哈纳克（Adolf von Harnack）的神学思考中体现出来。

或许有人会立即提问：为什么不应简单地将第一类神学和第二类神学称为"基要主义对自由主义"或"保守神学对新派神学"。但这些标签源于20世纪应对现代性所引发的争辩。如此冠名在教父时期或中古的思想家身上将是年代倒置的。此外，这种二元进路还忽略了同第一类神学和第二类神学有着不同神学气质的第三类神学。当第一类和第二类神学以律法与真理为取向，相应地，第三类神学意识到上帝在历史中的参与：始于亚当，藉着基督在十字架上的得胜重新建立，如今，上帝还在籍着圣灵转变的大能——通过教会做工——继续工作。第三类神学源于爱任纽（Irenaeus），且始终是东方教会的主要神学，如东正教与景教。西方基督教（罗马天主教和新教）最终掩盖了第三类神学的光芒。可是，一些现代西方神学家已重拾第三类神学，从卡尔·巴特（Karl Barth）和迪特里希·朋霍费尔（Dietrich Bonhoeffer），到拉丁美洲的解放神学家，甚至是亚伯拉罕·凯珀（Abraham Kuyper）。

如果我们思考中国新教的进程，同样可以看到上述三类主要的神学。[1] 第一类神学可以在中国几位最伟大的福音传道者身上看到，他们把永生的信息传给迷茫的人，如倪柝声、宋尚节、王明道和林献羔。相反，第二类神学在中国众多的基督徒知识分子中传播，他们试图将基督与中国调和——藉着在儒家思想与共产主义中找到基督教的真理，通常是寻求社会重建与救国，如吴雷川、赵紫宸和吴耀宗。20世纪初，第三类神学在中国十分罕见。倪柝声、赵紫宸和贾玉明等基督教思想家有时表达出第三类神学的某些要素，但却建基于第一类或第二类神学。然而，自20世纪70年代末的改革开放以来，某些神学家对第三类神学的中国式表达更为普遍——若非如此，我们不会将他们相提并论——如三自爱国运动委员会的丁光训与北京守望教会的孙毅。虽然丁光训与孙毅

---

[1] See Alexander Chow, *Theosis, Sino-Christian Theology and the Second Chinese Enlightenment: Heaven and Humanity in Unity* (New York: Palgrave Macmillan, 2013); 曹荣锦，《成神论与天人合一——汉语神学与中国第二次启蒙》（香港：道风书社，2015）。

的政治背景与政治见解十分不同，但他们都看到上帝参与到整个宇宙中，上帝藉着与中国教会同工，来改变中国及中国社会。

  一般来说，不论我们思考基督教两千年的历史，还是基督教在中国大陆200年的历史，上述三类神学都以各自独特的方式于不同的处境中得以表达。冈萨雷斯的《基督教思想再探》能够帮助我们理清这些历史。更重要的是，冈萨雷斯为我们提供一个工具，可以用来更好地欣赏与学习我们形形色色的基督徒弟兄姐妹神学思想的深度和广度，不论他们的神学倾向是什么。

曹荣锦
爱丁堡大学新学院
2020 中国农历新年

缩略语

ACW	*Ancient Christian Writers*
ANF	*The Ante-Nicene Fathers* (Grand Rapids)
DTC	*Dictionnaire de Théologie Catholique*
JTS	*Journal of Theological Studies*
LW	*Luther's Works* (St. Louis; Philadelphia)
NPNF	*The Nicene and Post-Nicene Fathers* (Grand Rapids)
PG	*Patrologjae cursus completus…series Graeca* (ed. Migne)
PL	*Patrologjae cursus completus…series Latina* (ed. Migne)
RelSt	*Religious Studies*
Story	Justo. L. González, *The Story of Christianity*
ZntW	*Zeitschrift für die neutestamentliche Wissenshaft*

我尽可能引用 ANF、ACW、NPNF 等现成的译文。这些译文中经常出现圆括号和中括号，所以本书正文中我自己的补充和评述常用大括号 {} 标记出来，而不是惯常所用的方括号。

遗憾的是，大部分译文——常常是惟一现成的译文——全都采用性别歧视语。读者应当注意到，这通常是因为译者对英文的使用，在希腊文原文或拉丁文原文中是没有的。

导言

一名忠实的信徒离开委身了30多年的教会，他抱怨说："他们夺走了圣餐的神圣性，把圣餐变成一场普通的宴会。"

另一间教会的一名信徒评论道："我不理解我们的牧师，她说自己不是自由派，可她的确没在宣讲传统的宗教。"

一名美国中部的信徒写道："我一直在读第三世界的基督徒撰写的著作，发现有些奇妙的内容深深吸引着我，而我却说不清那到底是什么。"

一名神学院的学生质疑一位教授说："如果你认为《以赛亚书》53章在讲以色列人，你怎能在受难节的崇拜中诵读这段经文，好像经文讲的是耶稣呢？"

在某家医院，一名医生向医院牧师坦白说："在我的家乡南方的一座小镇，他们在主日学教给我一种信仰。在大学里，我最喜爱的一位教授——那里的教授都是自由派——又教给我另一种信仰。在现在的工作中，我必须决定使用哪些医疗器械，却发现两种信仰都没有用武之地。

信徒的这些话说出了同一个问题：困惑。基督徒至少有两种困惑。第一，基督教的神学和崇拜礼仪所取得的进展，令他们不能再用截然对立的传统方法将其分类，如自由派/基要派、罗马天主教/新教。第二，更深一层的困惑是，世界局势风云变幻，"进步"所带给人的希望比我们祖先最疯狂的梦想还要狂野，所带给人的恐惧比他们最可怕的噩梦还要恐怖。

我们所学到的传统神学，不论是自由派神学，还是基要派神学，都不能有效帮助我们解决上述困惑。事实上，某些神学甚至会让我们相信，我们的困惑在于缺乏信仰或理解力。

我的论点是，初期教会不但有当代各种基要主义与自由主义的遥远祖先，还有第三类神学；第三类神学对《圣经》及其信息有着不同的解读，这对我们当今的困惑意义重大。因此，本书主要写给身处新千年困惑中的基督徒：他们正在探寻一种对自己信仰的新理解，可以引领他们满怀希望且顺服地走向未来。

大约四十年前，我开始教授基督教思想史。我的主要目标是向学生介绍我认为的对我们当今理解基督教信仰既具启发又意义重大的历史和传统。基于当初授课时的讲稿，我最终写成《基督教思想史》（*A History of Christian Thought*）。[1]

我特意选用这个不言自明、毫无新意的书名。《基督教思想史》的目的不是阐述我个人对基督教神学史的解读，而是向读者尽可能清楚而忠实地介绍对这一历史的标准解读。多年以来，《基督教思想史》重印了大约二十次。在最新的修订版中，虽然我通过许多方式重写了部分章节，但我尽力秉承最初的目的：初涉基督教思想史的学生与其他读者，可能难以区分学术共识与我的个人解读，他们应当有一部尽可能清晰区分二者的入门性著作。

另一方面，历史本身就是一种解释。我充分意识到，我尽力阐释的"学术共识"本身便融汇了多种解释，而各种解释不仅基于古代文献与历史资料，更取决于历史学家自己都常常忽视的偏见与动机。因此，作为历史学家，我无法避免解读历史。本书正是我对历史的解读；它可被当作一部专著，也可以作为我之前所写的《基督教思想史》的附录。

历史本身就是一种解释。这不完全是消极的说法，它提醒我们理性

---

[1] Justo, L. González, *A History of Christian Thought* (Nashville: Abingdon, 1970–1975), 3 vols.; rev. ed., 1987. 以后的脚注中均采用再版，简称 *History*。

的限制。它也是一种积极的说法。这正是历史学家与古玩收藏家的区别。古玩收藏家的兴趣在于收集古董或零散的信息，而历史学家不但从现在看过去，又从过去看现在。的确，我们现在的目标总会影响我们对过去的解读；同样，我们对过去的解读总会引导我们现在的行动。历史正是一场过去与现在永不休止的对话，而二者都着眼于未来。这是一场我们所有人都参与其中的对话，不管我们是否是专业的历史学家。我邀请读者和我一同进行这场对话，一起回顾基督教传统中的主要思想。

第一部分　三类神学的古典模式

公元 2 世纪末、3 世纪初，基督教会有三种重要的神学观被广泛奉为正统。我将它们称为第一类神学、第二类神学和第三类神学。这种分类依据我们今天对它们的熟悉度，而非按照它们在历史上出现的先后顺序。第一类神学和第二类神学是 20 世纪的西方基督徒最熟悉的，而第三类神学更为古老。

三类神学的差异不在于具体的某一个的点上，而在于它们的整个神学观。这反映在它们对每一个神学主题的理解，从创造到历史的最终完满。

如果第三类神学的确是三类神学中最古老的，另外两类处在当时被认可的正统范围内，那么，第一类神学与第二类神学的重要倡导者，当然会承袭第三类神学的某些要素。因此，我的第一个论点是：尽管三类神学的某些要素完全相同，但各自都有其独特的观点和侧重点，从而孕育出一种完全不同的神学观。

最后，三类神学均未脱离社会，其发展都有各自的社会处境和目的。或许它们的倡导者并未意识到，但社会处境与目的对其基本神学观的形成起到了重要作用。

第一章 地域与神学家

我们在阅读《新约》时，很可能会想象基督教会最初几百年神学活动的中心是耶路撒冷。另一方面，如果我们作为后人再来看最初几百年的教会发展，可能推测教会的神学活动中心是罗马帝国的首都，即罗马。然而，两种假设都是错的。

罗马人为了报复犹太人起义，于公元 70 年围攻并摧毁了基督教的诞生地耶路撒冷。犹太人于公元 135 年再次起义，导致帝国皇帝把犹太人全部逐出耶路撒冷。耶路撒冷作为一座罗马城市得以重建，取名为伊利亚·卡皮托林那（*Aelia Capitolina*）。至于罗马，公元 2 世纪时已有一个规模相当大的基督徒社群，并产生出好些保存至今的文献；但是，罗马几乎从未成为教会知识生活的中心。

最初几百年，基督教会的神学反思与著书立说的主要中心是：迦太基（Carthage）、亚历山大（Alexandria），以及地中海东北部的一片地区，包括其省会为安提阿（Antioch）的叙利亚和小亚细亚（Asia Minor）。

第一类神学：迦太基位于非洲北海岸，今突尼斯附近。迦太基是一座古城，由来自推罗（Tyre）的腓尼基人于公元前 800 年左右建成。加图（Cato）为了结束看似永无休止的布匿战争（Punic War），激昂地呼吁歼灭敌人：铲除迦太基（delenda est Carthago）。因此，公元前146年，罗马人攻占并毁掉了迦太基。在基督教时代之初，迦太基作为罗马帝国的领土得以重建之后，完全成为一座典型的罗马城镇。迦太基的统治阶级是罗马人，至少是意大利血统。他们之下是众多拉丁化的中产阶层，充当罗马当局的统治工具。最底层的大量普通民众是古代柏柏尔人（Berber）的后裔，他们先后被古迦太基人和罗马人征服。[1]

基督教在迦太基的起源无从知晓。传统观点认为，新信仰来自罗马，但一些学者指出，有证据表明基督教直接从东方传入迦太基。[2] 不管怎样，到了公元2世纪末，迦太基已经有了一个兴旺的基督徒社群。我们对它知之甚少，只知道其主教的名字：阿格里皮努斯（Agrippinus）。但是，迦太基教会牧养出众多著名的殉道士，如佩尔培图阿（Perpetua）和费莉西塔斯（Felicitas）。[3] 迦太基教会还培养出西方神学的创始人德尔图良（Tertullian）。对于福音的理解而言，德尔图良是我们所说的第一类神学的主要倡导者。

德尔图良可能是第一位其著作现存于世的基督教的拉丁作家。[4] 他大概生于公元2世纪中叶，于公元193年左右归信基督教。他很快便成为基督教正统信仰最坚定的捍卫者之一，同所有异端思想抗争。但是他自己最终接受孟他努主义（Montanism）。我们还会讲到，考虑到德尔图良的神学要旨，他最终成为孟他努派一点都不稀奇。

不管怎样，不论作为更广的教会的信徒，还是成为孟他努派之后，

---

[1] W. H. C. Frend, *The Donatist Church:A movement of Protest in Roman North Africa* (Oxford: Clarendon,1952) 探讨并证明了这一社会结构反应在迦太基及其周围地区的宗教问题中。参 333–36。

[2] 参 *History*,1:171, n.1。

[3] 《圣佩尔培图阿与圣费莉西塔斯殉道记》（*Martyrdom of Saints Perpetua and Felicitas*）目前的版本可能是德尔图良所著。当然，这还有待进一步研究。还有可能是德尔图良或其他人编撰了更早的资料。

[4] 我之所以说"可能"，是因为有些学者对此有不同看法。他们认为，米努西乌斯·菲利克斯（Minucius Felix）的《奥克塔维乌斯》（*Octavius*）可能早于德尔图良。我在 *History*,1:184, n. 44 中罗列出关于这一问题的参考书。就算《奥克塔维乌斯》可能早于德尔图良的《护教文》（*Apology*），但《奥克塔维乌斯》在神学上的重要性远不及德尔图良的《护教文》。因此，德尔图良仍是基督教第一位重要的拉丁作家。

德尔图良都是一位多产的作家。他的大量著作现存于世，从而牢固确立了他在西方神学中的地位。他是首位提出一套拉丁文神学词汇的神学家。因此，他理应被尊为拉丁神学之父。在阐释三位一体（Trinity）和基督论（Christology）时，德尔图良所创造的神学词汇沿用至今。他还留给后世许多隽永而严谨的名句，如"基督徒的鲜血便是种子"、"雅典与耶路撒冷有何相关？雅典学院与教会有何相干？"

德尔图良可能是律师。有一份我们借以了解古代法学的资料，里面提到过一位"德尔图良"，而他很可能就是我们正在讲述的这位基督教神学家。不管怎样，德尔图良无疑有着缜密的法学思维。在他的一些著作中，我们可以甄别出当时的律师用来说服听证人的修辞手法。[5] 在《论灵魂的见证》（*On the Testimony of the Soul*）中，德尔图良把异教徒的灵魂送上证人席，通过一种酷似当今"交叉盘问"的方法，迫使异教徒承认基督教信仰是完全理性的。在一段类似结案陈词的结论中，德尔图良说："每一个灵魂既是罪犯，又是证人：因为他既为真理作证，又犯有谬误之罪。"[6]

在《反驳异端的法规》（*Prescription Against Heretics*）中，为了驳斥异端无权使用《圣经》为他们的教义辩护，德尔图良运用了当时为人所知的"法规"这一法律论证。[7] 德尔图良认为，教会过去一直在把《圣经》当作自己的物品使用，因此，根据罗马法所规定的"法规"（*Praescriptio*），即长期无异议的所有权，《圣经》归教会所有。因此，只要异端企图使用《圣经》便是非法僭权，教会根本没有义务同异端辩论《圣经》的意义。

还有一个德尔图良运用法律论证的例子：他为基督教辩护所写的《护教文》（*Apology*）。他在文中想要证明，针对基督徒所颁布的法律是不公正的。当时，罗马帝国在处理基督徒时，普遍采用皇帝图拉真（Trajan）于公元 2 世纪初在位期间同样的方式。根据图拉真给比提尼

---

[5] 关于德尔图良的修辞手法，参 R. D. Sider, *Ancient Rhetoric and the Art of Tertullian* (Oxford University Press, 1971)；另参 R. D. Sider, "Tertullian, *On the Shows:* An Analysis," *JTS* 1978, pp. 339–65。

[6] *De test. anim.* 6 (ANF, 3:1179).

[7] 参 *History*, 1:174, n. 8；另参 D. Michaelides, *Foi, Ecriture et tradition: Les Praescriptiones chez Tertullian* (Paris: Editions Aubier-Montagne, 1969)。

亚（Bithynia）总督普林尼（Pliny）下达的指令，政府不该动用警力搜捕基督徒；但如果某人被指控为基督徒，当局应该展开调查，努力说服被告否认基督。一旦劝说无效，便适用死刑。制定这项政策的原因相当复杂，不必在此赘述。但是，德尔图良针对这种法律的评论，展现出他在法学上的睿智：

> 鉴于此案件的所必须的，该判决是多么卑劣啊！自相矛盾！禁止搜查基督徒，仿佛他们无罪，又处罚基督徒，仿佛他们有罪。既仁慈，又残酷。不搜查，却惩罚；哈，如此的审判！你为什么要让自己逃避责难的把戏呢？如果你定罪，为什么不去调查？如果你不去调查，为什么不宣判无罪？[8]

至于对异教哲学的态度，德尔图良的立场非常古怪。一方面，他宣称每一种异端都源于哲学：异端把哲学与福音混在一起。正是在这种背景下，德尔图良才说出前文所引用的名言："雅典与耶路撒冷有何相关？雅典学院与教会有何相干？"[9] 另一方面，德尔图良又借用一套斯多葛主义（Stoicism）的哲学假设来处理福音。这是每一位敏锐的读者都不难从他的著作中发现的。

公元2世纪，罗马帝国西部盛行斯多葛主义，就连皇帝马可·奥勒留（Marcus Aurelius，死于公元180年）都奉行斯多葛派之道。斯多葛主义在罗马帝国说拉丁语的地区非常流行，特别是因为斯多葛主义符合罗马人的传统：斯多葛主义注重实践与伦理，罗马人重视实践与法律。斯多葛主义最符合罗马人的实在观。通常来讲，罗马人所谓的"自然律"从本质上讲就是罗马的社会精英所理解的自然律。对于斯多葛派来说，智慧的终极目标在于发现宇宙的规律，并按照宇宙的规律生活。对于马可·奥勒留这种人来说，成为智慧的斯多葛派哲学家同成为罗马帝国的统治者毫无冲突，因为罗马法毕竟是宇宙自然律的具体体现。

德尔图良生活在斯多葛主义盛行的环境中。因此，他对实在的诸多

---

[8] *Apol.* 2 (ANF, 3:18).
[9] *Praesc.* 7 (ANF, 3:246).

理解同斯多葛派完全相同。此外，斯多葛派强调自然律，这完全符合德尔图良本人的法律嗜好。因此，虽然德尔图良谴责哲学侵入神学，但他本人却是斯多葛派，只是他自己可能还没有意识到。[10]

总之，如果我们只用一个词来概括德尔图良独特的神学基本关注点，那就是**法律**。在德尔图良看来，基督教优于人类的任何一种哲学，因为基督教向我们启示出宇宙的终极法律：上帝的律法。

在西方教会，德尔图良的一些先驱都奉行这种神学观。他们用希腊文著述，不像德尔图良那样具有法学思维，但是，他们的某些神学关注点后来在德尔图良的著作中确实非常突出。早在公元 1 世纪末，罗马的克雷芒（Clement of Rome）的《致哥林多信徒一书》（*the First Epistle to the Corinthians*）就深受斯多葛主义影响，而这种影响在后来德尔图良的神学中随处可见。[11] 到了公元 2 世纪中叶，从法律的角度来处理基督教的倾向在《赫马牧人书》（*Shepherd of Hermas*）和所谓的《克雷芒二书》（*the Second Epistle of Clement*）中都非常明显。这两部著作可以说是德尔图良的先导，特别是关于赦罪的问题——这一点我们在以后的一章中再来探讨。上述几位基督教作家共同代表了第一类神学的早期发展：第一类神学成形于罗马人注重实践与法律的摇篮之中。

第二类神学：亚历山大注定成为另一种十分不同的神学的家园——我将其称为第二类神学。迦太基是我们本书所讨论的城市与地区中最拉丁化的，而亚历山大是最希腊化的。顾名思义，亚历山大由亚历山大大帝（Alexander the Great）于公元前 331 年建造。亚历山大大帝去世后，他的帝国四分五裂，他在埃及所造的这座伟大城市成为托勒密王朝（Ptolemies）的首都，直到罗马人于公元前 30 年将其占领。

亚历山大位于尼罗河口，有着适于贸易与交通的傲人地理位置，很快便成为整个地中海盆地最重要的城市之一。因此，亚历山大成为一个知识中心，形形色色的哲学与宗教流派汇集于此。

亚历山大有一座著名的博物馆。它不像我们现代的博物馆，公开展

---

[10] *History*, 1:174, n.6.
[11] 参 *History*, 1:63–65。

览艺术珍品和古董；它是一个学术中心，类似我们现代的大学，学者与科学家在此探求各种知识。因此，亚历山大博物馆周围聚集了有志从事各种研究的人，如哲学、天文学、数学和动物学。著名的亚历山大图书馆是他们的研究基地，可以媲美许多现代大学的图书馆。

在这种环境中，宗教的各种教义与思潮自然会融汇在一起。亚历山大及周围住着大量犹太人，他们似乎已在这里生活了很久。事实上，早在公元前 7 或 6 世纪，亚历山大尚未建成之前，就已有众多犹太人聚居在尼罗河以上数英里的上埃及。他们还为自己的上帝建造了圣殿。正是在亚历山大，在耶稣降生前一百年，《希伯来圣经》被译成希腊文，即"七十士译本"（Septuagint）。然而，这座伟大城市的宗教却是一锅大杂烩。这里有美索不达米亚的占星家、波斯的二元论者、古埃及神灵的狂热崇拜者，以及其他无数教义与宗教理论的倡导者。各种思想常常混合在一起，让人难以分辨。

一封可能是皇帝哈德良（Hadrian）写给姐夫塞维安努斯（Servianus）的信描述过埃及的氛围，特别是埃及的主要城市亚历山大：

> 亲爱的塞维安努斯，你对埃及赞叹不已，但埃及其实非常轻浮，摇摆不定，总是紧跟时尚。在埃及，崇拜萨拉匹斯（Serapis）的人是基督徒，自称是基督教主教的人却是萨拉匹斯的信徒。没有一个犹太会堂的领袖、基督教的长老和撒玛利亚人不是数学家、占卜家和运动员的男按摩师。[12]

即便哈德良信中的话言过其实，却仍能描绘出埃及的社会景象：各种科学与智慧通常不加鉴别地混杂在一起。

我们不知道亚历山大的基督教的起源，这一点同迦太基的基督教一样。公元 4 世的教会史学家凯撒利亚的尤西比乌（Eusebius of Caesarea）告诉我们，圣马可曾在亚历山大传过福音。[13] 但是，优西比乌的信息不足为信，因为当时各个城市的教会都在想方设法证实它们的教会是

---

[12] 拉丁文版，参 Daniel Ruiz Bueno, ed., *Actas de los Mártires* (Madrid: Biblioteca de Autores Cristianos, 1968), p. 252。
[13] *Hist. eccl.* 2.16.

由使徒创立。不管怎样，到了公元 2 世纪中叶，亚历山大有了一个相当兴旺的基督徒社群。到了公元 2 世纪末，亚历山大的教会培养出奥利金（Origen）等杰出的神学家。奥利金和他的先驱亚历山大的克雷芒（Clement of Alexandria）将成为第二类神学的主要倡导者。

克雷芒不是亚历山大人；他生于雅典。为了寻求真理，他离开家乡雅典，游历过罗马帝国的诸多城市，最后来到亚历山大。在亚历山大，克雷芒如愿以偿：基督教的教师潘代努斯（Pantaenus）引领他认识了基督教的"真哲学"。后来，克雷芒继承潘代努斯成为教师，直到公元 3 世纪初罗马帝国的皇帝塞蒂米乌斯·塞维鲁（Septimius Severus）迫害基督教时逃离亚历山大。克雷芒把学生奥利金留在亚历山大，而奥利金注定成为亚历山大学派最著名的教师。我们将会讲到，尽管克雷芒在许多方面可以说是第二类神学的早期倡导者，但他其实处于第二类神学与更早的第三类神学之间。因此，在阐释第二类神学时，我主要以奥利金为代表。

奥利金是亚历山大人，于公元 185 年左右生于一个基督教家庭。他的父亲于公元 202 年殉道时，奥利金大概 17 岁。年轻的奥利金本想殉道，但他的母亲把他的衣服藏了起来，所以他无法走出家门。奥利金年轻时便开始讲授《圣经》，以及他所谓的"基督教哲学"。他的学生最初是预备受洗的新信徒，最终是信仰更为成熟的基督徒。奥利金声名远扬，就连罗马帝国皇帝的母亲———名异教徒——都听过他的讲座。由于奥利金同亚历山大主教的关系紧张，他于公元 231 年移居凯撒利亚（Caesarea），继续教学与研究。奥利金为信仰受尽折磨，于公元 253 年死于推罗。终其一生，奥利金以惊人的速度写作，包括圣经注释、讲章和其他著作。据说他有时向七名记录员同时口述七部不同的著作。

如前所述，亚历山大是一座知识的大熔炉，克雷芒在此安了新家，奥利金在此锻造了自己。在亚历山大如火如荼的知识活动中，奥利金脱颖而出，同时也深受身边各种思潮的影响。因此，要想理解奥利金的神学——以及某种程度上的克雷芒的神学，我们必须先来讲述亚历山大的知识氛围。

尽管亚历山大的折衷主义氛围浓厚，但这里盛行的哲学是柏拉图主义（Platonism）。柏拉图主义致力于发现隐藏在可感知的、可变的实在背后的永恒真理。早在奥利金时代之前，柏拉图传统就已从斯多葛主义和其他资源中吸取了某些要素，从而发展出哲学史家所说的中期柏拉图主义。[14] 在奥利金时代，这一综合的过程继续深入，特别是融入了宗教元素，从而发展出新柏拉图主义（Neoplatonism）。

新柏拉图主义的目标在于发现存在于可感知的实在之上的纯理性的永恒真理。它还有一个显著特征，即努力调整生活以符合这一永恒真理。因此，新柏拉图主义包含某些酷似斯多葛主义的道德要素。[15]

早在基督教诞生之前，这种氛围便已影响到亚历山大的犹太教。这一点可以从我们前文所提到的《旧约》的希腊文译本《七十士译本》中看出。这种影响在亚历山大的斐洛（Philo of Alexandria）的思想中更为明显。斐洛是与耶稣同时代的犹太人，他从柏拉图传统的角度来理解祖先的信仰，努力捍卫信仰，驳斥亚历山大知识分子的批评。他们认为，犹太人的《圣经》只是在讲一系列毫无哲学价值的故事。为了证明《圣经》确实具有哲学意义，斐洛把《圣经》解释为一套宏大的隐喻，所讲的与其说是具体的历史事实，不如说是一个道德与形而上学的秩序的永恒真理。因此，斐洛把《希伯来圣经》解释的符合亚历山大的哲学，从而可以同时肯定二者的价值。

在斐洛时代之后，柏拉图传统在亚历山大的根基更加稳固。[16] 因此，当奥利金登上历史舞台时，柏拉图传统在亚历山大的知识分子中是最重要的，修正后的新柏拉图主义被奉为**哲学**。奥利金年轻时，新柏拉图主义最著名的教师是安莫尼乌斯·撒卡斯（Ammoninus Saccas）。他的学生有新柏拉图派神秘主义的伟大倡导者普罗提诺（Plotinus），可能还有奥利金。从整个柏拉图传统的角度来看，哲学的目标在于探求不可言说的、永恒不变的存在者。

---

[14] 另一方面，有些学者倾向于否定中期柏拉图主义的折衷性。参 J. Dillon, *The Middle Platonists*（London: Duckworth, 1977）。

[15] 参 F. Coplestone, *A History of Philosophy*, Vol. I: *Greece and Rome* (Westminster, Md.: Newman, 1959), pp. 451-75。

[16] 对整个柏拉图传统最好的介绍，特别是柏拉图传统对亚历山大基督教神学的影响，参 C. Bigg, *The Christian Platonists of Alexandria* (Oxford: Clarendon, 1886).

作为柏拉图传统的一员，奥利金也在探求永恒不变的真理，即一种不取决于感知的实在。他在解释经文时提出，《圣经》阐明了一系列不变的形而上学与道德的原则。

总之，就像我们可以用**法律**一词概括德尔图良的神学，我们同样可以用一个词概括奥利金的核心神学主题。**真理**最能说明奥利金的神学特色。

按照奥利金的构想，这种真理一定是不变而超验的。真理不受时空限制，一定不像世间万物那样变化无常。我们认识真理，不是通过感知，而是通过互不矛盾的两个源头：理性与启示。奥利金的先驱亚历山大的克雷芒曾说，真理只有一个，因此，从本质上讲，哲学必然引人认识在圣子里所启示出的同一个真理。[17] 此外，哲学是上帝赐下的侍女，目的在于引导外邦人认识基督，正如上帝出于相同的目的而把《圣经》赐给犹太人。[18] 奥利金完全赞同克雷芒的这些看法，相信自己作为神学家的首要任务在于发现并揭示哲学与基督教信仰的一致性。

即便有着这种知识追求，奥利金并不否定或藐视教会的教导。相反，奥利金坚守教会的教导，为此而在晚年坐牢，受尽酷刑的折磨。但是，对于教会尚未给出明确教导的问题，他可以自由地，甚至认为必须进行当时亚历山大的思想家所进行的思辨。关于这一点，我们以后将看到充足的证据。

第三类神学：我们下面要讲的第三个地域中心是**地中海东北部**，大体包括小亚细亚和叙利亚，即今天的土耳其、叙利亚及周边国家。[19] 地中海东北角的主要城市是安提阿（Antioch）。[20] 安提阿由胜利者塞琉

---

[17] "好像许多人拉船不能被理解为多个起因，而是由许多起因组成的单个起因……哲学同样如此，寻求真理有助于理解真理……因此，虽然真理只有一个，但许多事都有助于寻求真理。但是,只能通过圣子来发现真理。"*Strom.* 1.20 (ANF, 2:323).

[18] *Strom.* 1.5.

[19] 关于处境及其对《新约》的影响，参 John E. Stambach and David L. Balch, *The New Testament in Its Social Environment* (Philadelphia: Westminster, 1986), pp.145–54。

[20] 参 Glanville Downey, *A History of Antioch in Syria from Seleucus to the Arab Conquest* Princeton: Princeton University Press, 1961); John P. Meier, "Antioch," in Raymond E. Brown and John P. Meier, *Antioch and Rome: New Testament Cradles*

古一世（Seleucus I, Nicator）于公元前 301 年建造，以他的父亲安条克（Antiochus）命名。安提阿是罗马帝国最重要的城市之一。安提阿从未像耶路撒冷和迦太基那样被罗马人摧毁，所以保留下来大量的古代遗产，其罗马化程度不及迦太基。安提阿同样亚历山大一样，汇聚了各种宗教与哲学学说，但安提阿的宗教混合主义（syncretism）显然不及亚历山大那样的高度。特别是犹太教，安提阿有一个庞大而古老的犹太教社群。[21] 安提阿与耶路撒冷的联系紧密，因此，安提阿的犹太教的希腊化程度不如亚历山大。

多亏有了《使徒行传》，我们才比较了解公元 1 世纪的安提阿教会。但是，安提阿教会的起源无从知晓，有时令人费解。《使徒行传》告诉我们，司提反殉道之后，耶稣的门徒因为害怕遭受迫害而四散，福音就这样传到了安提阿。这些教会初期的门徒只向犹太人传福音，但一些来自塞浦路斯（Cyprus）和古利奈（Cyrene）的门徒开始向希腊人传福音。可惜的是，这些早期传道人的名字及其传教方法无从知晓。不管怎样，"道"（Way）的追随者正是在安提阿被第一次称为基督徒。重要的是，**基督教**（Christianity）一词第一次出现在公 2 世纪初安提阿一位主教的书信中。[22]

《使徒行传》记载了安提阿与小亚细亚的诸多联系。安提阿教会差派保罗和巴拿巴去旅行传教，他们就这样来到了小亚细亚。

保罗与小亚细亚往来的书信、《启示录》、可能还有《新约》的其他书卷都与小亚细亚密不可分。许多学者认为，《马太福音》在安提阿成书，而《约翰福音》和约翰书信传统上被认为在以弗所成书。事实上，位于地中海盆地的小亚细亚与《新约》的许多书卷密切相关，如果我们了解公元 2 世纪在小亚细亚盛行的神学，便可以大大帮助我们更深入地理解《新约》。

---

of Catholic Christianity (New York: Paulist, 1983), pp.11–86; D. S. Wallace-Hadrill, *Christian Antioch: Study of Early Christian Thought in the East* (Cambridge: Cambridge University Press, 1982); Wayne A. Meeks and Robert L. Wilken, *Jew and Christians in Antioch in the First Four Centuries of the Common Era* (Missoula, Mont.: Scholars Press, 1978).

[21] Josephus, *Ant.* 12.119; *Adv. Ap.* 2.39.

[22] Ignatius of Antioch, *Ad Magn.* 10:1, 3; *Ad Rom.* 3:3; *Ad Phil.* 6:1.

还有许多见证人可以帮助我们了解小亚细亚的基督教。其中最重要的是安提阿的主教伊格纳修（Ignatius）。公元 2 世纪初，伊格纳修作为囚徒被押往罗马，后来在罗马殉道。在短短两周的旅途中，他写下七封保存至今的书信。后来，比他年幼的朋友士每拿的主教波利卡普（Polycarp of Smyrna）写信给腓立比信徒询问伊格纳修的情况。波利卡普的这封信——有些学者相信是两封[23]——也被保存下来。公元 2 世纪中叶，波利卡普殉道。《波利卡普殉道记》（*Martyrdom of Polycarp*）——其中部分内容可能是见证人所写——反映出小亚细亚所盛行的神学。

大约在同一时期，同样生活在小亚细亚的希拉波利斯的主教帕皮亚斯（Papias of Hierapolis）正在编纂并未被收入福音书的"耶稣语录"（Sayings of the Lord）。帕皮亚斯的"耶稣语录"只有简短的引文幸存于世，但它们却与小亚细亚的其他著作在神学上有着相似之处。公元 180 年左右，安提阿的主教狄奥斐卢斯（Theophilus）写了《致奥托吕科斯三书》(*Three Books to Autolycus*)，该书也能反映出安提阿的神学。此前，殉道士查斯丁（Justin Martyr）写了两篇护教文和《与特里风谈话录》（*Dialogue with Trypho*）。尽管查斯丁的著作在许多方面展现出安提阿和小亚细亚的神学传统（查斯丁是撒玛利亚人），但在其他方面，查斯丁、克雷芒和奥利金都是后来亚历山大神学类别的先驱。因此，我们可以说查斯丁身处第二类神学与第三类神学之间。

然而，地中海东北部的神学最重要的倡导者是爱任纽（Irenaeus）。爱任纽长期生活在里昂（Lyon），他将是我们的第三类神学的主要倡导者，但我有时也会指出爱任纽的几位先驱也有类似观点。[24]

---

[23] *History*, 1:81, n. 82.
[24] 基于爱任纽与其先驱的关系，以及爱任纽对他们的依赖，Loofs 和其他学者想要证明爱任纽从以前的著作中受益良多，特别是从查斯丁和狄奥斐卢斯的著作。参 F. Loofs, *Theophilus von Antiochen und die anderen theologischen Quellen bei Irenaeus* (Leipzig: J. C. Hinrichs, 1930)。Loofs 的论点遭到许多学者的反驳。如 A. Benoit, *Saint Irenée: Introduction à l'étude de sa théologie* (Paris: Presses Universitaires de France, 1960)。不管怎样，关于这个问题的争论与本书的论点不太相关，因为如果爱任纽的确从以前的著作中受益良多，这只能证实我们的论点：爱任纽的神学代表教会十分早期对信仰的理解。

我们不知道爱任纽为什么要从家乡士每拿移居到数百英里之外的里昂。爱任纽是里昂教会的信徒，这里的许多信徒可能都是从小亚细亚移居而来，至少是从说希腊语的其他地区移居来的。[25] 不管怎样，爱任纽带到高卢（Gaul）的神学传统，反映出小亚细亚当时的神学传统。除了波利卡普，爱任纽的神学先驱还有包含《启示录》和其中提到一封写给士每拿教会的书信、他经常引用的《约翰福音》、安提阿的伊格纳修和狄奥斐卢斯等神学家的类似思想——从某种程度上讲还有殉道士查斯丁。

如果我们把爱任纽、德尔图良和奥利金作一番比较，他们的差别相当明显。首先，在这三位神学家中，其实只有爱任纽是教会的牧者。如果爱任纽决定阐明自己的神学观点，那是因为他所认为的某些错误教义威胁到羊群健康的信仰生活，需要向羊群简明扼要地介绍基督教信仰。其次，爱任纽不是一位像德尔图良和奥利金那样多产的基督教作家。他只留下两部重要著作，以及被后世作家所引用的少数引文。

最后，相比于德尔图良和奥利金，爱任纽与次使徒时期传统（sub-apostolic tradition）的关系更加密切。早年在士每拿时，爱任纽是波利卡普的学生，而波利卡普又是以弗所的"约翰"的学生。尽管我们无法确定这位"约翰"的身份，但初期教会——特别是小亚细亚教会——无疑都将其视为十二使徒之一，或与十二使徒有着直接关系的人。爱任纽显然相信，这位"约翰"就是使徒约翰，通过他自己的老师波利卡普，他与使徒约翰一脉相承。历史学家尤西比乌引用过爱任纽现已遗失的著作中的一段话：

> 我记得那时的事，比近年来的事记得更清楚。因为孩提时代所了解的事，随着心智不断发育，印象会更为深刻；因此，我还能描述蒙福的波利卡普论道时坐过的地方、他的出入、他的生活方式、他的音容笑貌、他和别人的讨论、

---

[25] 他们的名字是希腊人的名字，不是高卢人的名字或罗马人的名字。A. H. M. Jones, "The Economic Life of the Towns of the Roman Empire," *Recueils de la Société Jean Berlin* (1955), pp. 182–83, 书中研究了里昂的商人阶层，结论是许多商人来自东方，甚至来自遥远的叙利亚。它所能追溯到的都并非当地出生的，所以仍没有解决问题：基督徒移居里昂是因为贸易等经济原因吗？是为了躲避迫害吗？还是两个原因都有？鉴于资料有限，我们不可能给出任何确定性的回答。

他与约翰和其他见过主的门徒的谈话。他还记得这些话，以及他从他们那里听到的关于主的事、主的神迹和教导，这些都是从"生命之道"的见证人那里听来的，因此，波利卡普的讲述同《圣经》的记载丝毫不差。因着上帝的仁慈，我得知了这些事，我认真地听，专心地记，不是记在纸上，而是记在心里。靠着上帝的恩典，我能始终如实地记住。[26]

《新约》所讲述的许多事都发生在巴勒斯坦、安提阿和小亚细亚。因此，这些地区的基督徒比亚历山大或迦太基的信徒更深地扎根于基督教信仰的历史中。对于他们来说，信仰的本质不在于一系列从天而降的永恒真理，而在于就发生在那儿的真实事件，就在他们习得信仰的前人身上。甚至在爱任纽时代之后的几百年，这仍能从历史学家所说的"安提阿学派"的神学传统中看出，特别是在与基督论相关的问题上。[27]

由此可见，爱任纽的神学显然是教牧性的。他是一位牧者，他的著作旨在牧养。更重要的是，爱任纽把上帝视为大牧者，带领羊群实现上帝的目的。我们可以用**法律**和**真理**分别概括德尔图良和奥利金的主要神学特征；同样，我们可以把爱任纽的核心神学主题概括为**历史**。但是，这不是那种如实描述过去的事件的历史，尽管过去的事件的确是历史的一部分；而是所有在时间中所发生的一切都在上帝的引领下走向上帝的未来。[28] 在创造之初，上帝便已定下某些目标，要在历史进程中实现。尽管罪进入了历史，但上帝没有放弃所定的目标。就在现在，上帝这位

---

[26] 尤西比乌的引用, *Hist. eccl.* 5.20 (NPNF, Second Series, 1:238–39)。

[27] 关于安提阿学派的基督论，以及公元4、5世纪基督论争辩的过程，参 *History*, 1:335–80。关于这一问题的经典研究是 R. V. Sellers, *Two Ancient Christologies: A Study in the Christological Thought of the Schools of Alexandria and Antioch in the Early History of Christian Doctrine* (London: SPCK, 1954)。

[28] "爱任纽探讨过所有（关于圣经解释的）问题，他的方法是运用救恩论；但是，救恩的焦点是成为肉身的上帝的道的故事；不仅如此，这个故事还与上帝的道在创造和以色列历史中的作为息息相关。通过对道成肉身的主的解释，爱任纽阐明了基督徒的故事中这位英雄的身份；这是一个囊括人类全部历史的故事。" Rowan A. Greer, in James L. Kugel and Rowan A. Greer, *Early Biblical Interpretation* (Philadelphia: Westminster, 1986), p.156.

大牧人仍在引领历史走向既定的目标。

总之，到了公元 2 世纪末、3 世纪初，基督教会有了三股重要的神学思潮。第一类神学的主要倡导者是迦太基的德尔图良，而第二类神学的中心位于亚历山大，主要倡导者是奥利金。第三类神学扎根于安提阿与小亚细亚更古老的神学，在爱任纽的著作中得到最好的呈现。在随后三章中，我们将尽力更清晰地阐释三类神学各自如何理解基督教神学的核心主题。在此之前，我们先来用一个图表总结本章的内容。这会对我们很有帮助。

三类神学

	第一类	第二类	第三类
三个地区	迦太基	亚历山大	小亚细亚和叙利亚
三位神学家	德尔图良	奥利金	爱任纽
主要旨趣	道德	形而上学	教牧
主要范畴	律法	真理	历史
哲学取向	斯多葛主义	柏拉图主义	无特别取向
先驱	罗马的克雷芒	斐洛（查斯丁）	《新约》的许多内容
	赫马	亚历山大的克雷芒	伊格纳修
	《克雷芒二书》		波利卡普
			狄奥斐卢斯

最后，我们还应提醒读者：分类必然是概要性的，可是是富有启发性的，只要不过于死板。在这一方面，某一分类好像漫画：我们看到一副人物漫画时，人物的显著特征会被描绘得非常夸张，虽然人物不可能具有如此夸张的特征，但夸张的描绘手法会让我们立即认出漫画所描绘的人物。同样，本书所阐释的神学类型，旨在强调某一类神学最典型的要素。这有助于我们阐明问题与差异，只要不认为这是对他们各自的确切描述，不然将导致过多的差异呈现在不同的类别之间。如果第三类神学确实比其他两类更古老，我们当然会在德尔图良和奥利金的神学中发现第三类神学的要素。既然第一类神学和第二类神学被奉为正统，它们

当然会影响到我们一般归类为第三类神学主要倡导者的神学家。

在随后的章节中，我会尽量在脚注中列举一些例子，提醒读者类型的概要性，说明某一类神学的某位倡导者同样具有我已归类为另一类神学的要素。即便如此，我仍相信这分类十分有效，有助于我们理解基督教思想史的进程，以及基督教神学当今所面临的一些挑战。

第二章 上帝、创造和原罪

在我们研究的神学家所处的时代，教会面临着内忧外患：外部是异教、异教的政治制度、异教的迫害；内部是异端。我们应当在这种内忧外患的背景下来理解爱任纽、德尔图良和奥利金的神学。

异教之所以会对教会带来挑战，主要因为异教得到了政治势力与社会风俗的支持。如果异教的神祇是真神，基督教的上帝是假神，那么，基督徒只是社会中一群离经叛道的人，他们理应遭受迫害。从神学上讲，基督徒清醒地认识到，异教的多神论同他们的一神论势不两立。[1] 异教徒在人类生活的方方面面都有其各自的神祇：如战神马尔斯、爱神维纳斯。有时，异教神祇彼此为敌，人类，甚至国家都会落入他们战争的魔掌。基督徒和犹太人却截然相反，他们坚称只有一位上帝，上帝统治着宇宙和人类生活的方方面面。

为了应对异教的挑战，特别是异教的多神信仰，查斯丁、塔提安（Tatian）、阿特纳哥拉斯（Athenagoras）等教父撰写了基督教几部最

---

[1] 在此，我说的是基督徒对异教徒的看法，至于异教徒对基督徒的态度，参 Pierre de Labriolle, *La réaction païenne: Etude sur la polemique antichrétienne du Ier au VIe siècle* (Paris: L'Artisan du Livre, 1941); Robert L. Wilken, *The Christians as the Romans Saw Them* (New Haven: Yale University Press, 1984); Robert Lane Fox, *Pagans and Christians* (New York: Knopf, 1987)。

早的神学专著。我们正在研究的两位神学家德尔图良和奥利金都写过这类著作，其主要目的是驳斥异教徒针对基督徒的指控。因此，我们应当在这些神学家同多神信仰论战的背景下，来理解他们就基督教的一神论和创造论所不得不进行诸多的论述。

"异端"是初期基督教神学家不得不面对的主要威胁。异端比异教更危险。在绝大多数基督徒看来，教会当中出现的某些教义威胁到基督教的核心信仰。这并不代表教会希望全体基督徒的思想保持高度一致。相反，正如我们将看到的，各种神学思潮在教会中共存，都是教会所认可的。但是，有些神学思想似乎否定了信仰的本质，如一神论、创造论和上帝在耶稣基督里的道成肉身。教会很快便否定了这些神学思想，将其称为**异端**。

诺斯替主义（Gnosticism）是最重要的异端。诺斯替主义得名于其信徒的信仰：通过神秘的**知识**或**诺斯**（gnosis）得救。时至今日，学者们仍难以就诺斯替主义的起源达成一致。诺斯替主义可能有诸多来源，如巴比伦的占星术、希腊哲学、神秘宗教、犹太教的天启主义（Jewish apocalypticism）等。[2] 有着各种背景的新信徒把这些学说带进教会，因此，诺斯替主义很快便真正威胁到教会。

然而，本书的关注点并非诺斯替主义的起源，而是其主要教义，以及教会的伟大教师反对诺斯替主义的原因。乍一看，诺斯替主义好像完全反对多神论，因为诺斯替主义的大多数流派都有一个前提，即所有实在都只有一个源头。这个第一源头——有人将其称为亚比斯或混沌（Abyss）——永恒存在，从中流溢出其他灵体（spiritual beings），即诺斯替主义者所说的伊涌（eons）。[3] 伊涌的使命是荣耀亚比斯。但是，

---

[2] 关于诺斯替主义的著作汗牛充栋。关于诺斯替主义的起源，参 *History*, 1: 127, n. 16. 与我的论点相关的一部著作特别值得关注：E. Pagels, *The Gnostic Gospel* (New York: Random House, 1979). Pagels 的论点十分合理，即教会对诺斯替主义的谴责和态度，其目的在于压制异己，巩固教会领袖的权柄。这是否是教会谴责诺斯替主义的主要原因还有待商榷。不管怎样，有一点还是非常清楚的：在驳斥诺斯替主义的过程中，基督教越来越制度化，教会领袖的权柄日益加强。同样非常清楚的一点是，一旦权力斗争结束，诺斯替主义的许多思想又慢慢潜入正统基督教。这并不代表诺斯替主义是正确的，或教会不应该反对诺斯替主义。这只是又一个例子，再次说明神学争辩与政治斗争紧密联系在一起。

[3] 这是非常典型的概括，试图囊括诸多不同的体系。关于这些思想体系和相关

一个伊涌或是有意或是错误地生出了这个物质世界。

　　这种神话产生了诺斯替主义。诺斯替主义的起点是万有本源于一，最后却变成以纯粹的二元论来解释实在。灵性实在或是仍在伊涌里，或是源自伊涌，所以是善的，而物质性的实在源于某个伊涌所犯的错误，因而是恶的。物质世界不是至高存在者（Supreme Being）决定创造的，而是一个错误。

　　这便意味着，由物质实体与灵性实体所构成的人类，身体里同样具有与外在世界一样的二元性。肉体是恶的，注定灭亡，而灵属于伊涌，必然回归伊涌。当诺斯替主义者把这种思想用于基督教信息时，许多人得出的结论是：基督并未真的成为肉身，因为肉体是恶的；基督纯粹是一位灵性存在者，肉体或只是表象，或是具有属天的灵性实质。[4] 同样，诺斯替主义者必然否定肉体复活，满足于灵魂不朽。[5]

　　这就意味着，诺斯替主义同异教多神论一样，把宇宙划分成若干个"势力范围"。多神论者认为，不同的神祇具有各自的活动范围，而诺斯替主义者如出一辙，宣称物质世界同至高存在者是相对立的。

　　马西昂（Marcion）的情况稍有不同。[6] 尽管他在许多方面类似于诺斯替主义，却在某些方面完全不同。马西昂不相信有一长串的"伊涌"。相反，他认为《旧约》的上帝耶和华不是差派耶稣降世的圣父。耶和华是劣等神祇，他创造这个世界，或是出于无知，或是故意与至高的上帝作对，然后把我们放在其中。耶和华之上是耶稣的圣父，他是满满的爱。耶和华是报复与公义之神，而圣父是爱与赦罪之神。耶和华看重**律法**，而圣父看重**恩典**。《旧约》是犹太人的《圣经》，当然是神祇的话，却

参考文献，参 *History*, 1:126–37。

[4] 《约翰一书》所反映并否定的观点："凡宣认耶稣基督是成了肉身而来的灵就是出于上帝的，由此你们可以认出上帝的灵来；凡不宣认耶稣的灵，不是出于上帝。这是那敌基督者的灵"（4:2b–3a）。经文摘自《圣经和合本修订版》（简体）——译者注。

[5] 这种观点显然已经出现在哥林多教会中，也是保罗在《哥林多前书》第 15 章驳斥的。请注意：保罗想要捍卫的不只是死后复活或灵魂不朽，而是肉体复活。

[6] 研究马西昂的经典专著是，Adolf von Harnack, *Marcion: Das Evangelium vom fremden Gott: Eine Monographie zur Geschichte der Grundlegung der katholischen Kirche* (reprint, Berlin: Akademie-Verlag, 1960); 另参 E. C. Blackman, *Marcion and His Influence* (London: SPCK, 1948)。

不是至高上帝的话。《旧约》是所谓的耶和华这位劣等神祇的话。基督教的信息同《旧约》的宗教截然不同；基督教宣扬纯粹的爱与饶恕。基督教的上帝并不施行惩罚，绝不会创造这个充满纷争与苦难的世界。但是，圣父怜悯我们，不忍我们被耶和华囚禁在这个世界，因此，圣父差派耶稣来拯救我们。

马西昂相信，这个世界是耶和华创造的，其中的物质受制于这位劣等神祇；因此，耶稣不是通过人类自然的出生方式进入的世界，因为如果真是这样，耶稣便处于耶和华的统治之下。因此，马西昂宣称，在提庇留（Tiberius）统治期间，耶稣以成人之躯进入世界，但他的肉体与我们的不同。

在驳斥上述异端与异教的过程中，我们的三位神学家形成了他们的上帝论、创造论和原罪论。

第一类神学：尽管德尔图良写过几部驳斥当时各种异端的著作，但他的绝大多数著作是针对马西昂而著。因此，他的上帝论和创造论主要在于驳斥马西昂的教导。这一点都不奇怪，因为马西昂过于强调恩典，以致抹杀掉律法在基督教福音中的作用，这一定会让法律思维缜密的德尔图良十分不安。

只要我们研究德尔图良的论述，便会再次发现他对法律与司法的兴趣。在德尔图良看来，上帝首先是立法者与审判者。当然，从某种程度上讲，这一侧重点在于驳斥宣称只有《旧约》的上帝才施行审判与惩罚的马西昂。但是，德尔图良之所以强调上帝首先是立法者与审判者，也在于他的基本神学观。

德尔图良的著作不断受到斯多葛主义一个学说的影响，即宇宙是一个井然有序的体系。它之所以得当地被称为**宇宙**，因为律法维系着宇宙中所存在的万物的发展。根据这种看法，如果的确存在一位至高的存在者，他必然首先是立法者：他是秩序的源头，他建立了一套万有都必须遵守的自然律。

德尔图良把斯多葛主义的理论同《圣经》关于上帝律法的教导结合在一起，因此，他把上帝主要描述成统治者与立法者。大约50年前，西方的另一位基督教作家罗马的克雷芒——他的神学取向在某些方面同德尔图良的非常像——就已经把上帝称为宇宙的"**主宰**"（the despot）。[7] 克雷芒的意思不是说上帝是暴君，而是上帝统治万有。当时，**主宰**只是指"至高无上的君王"（the sovereign king），完全没有它在今天的意义。德尔图良正是这个意思，告诉马西昂"如果上帝不对自己所厌恶、所禁止的事进行惩罚，便最不配作神圣的存在者。"[8] 上帝已经赐下律法，建立秩序，任何违背律法、践踏秩序的人都应受到上帝的惩罚："因为他怎么可能颁布命令而不去执行？禁止罪又不打算惩罚？这不是在拒绝履行作为审判者的职责吗？不是好像完全不懂威严与司法惩处吗？"[9]

在探讨三位一体时，德尔图良还是同样的思路。他最早提出被后世奉为经典的公式：一个本质和三个位格（one substance and three persons）。但是，对于本书而言，德尔图良解释这一公式的方法极具启发。当时，**位格**和**本质**都是法律术语。位格（person）的用法类似我们今天所说的"法人"（the legal person）；本质（substance）指某人的财产或地位，它决定了人的社会地位，好像我们今天说某人是"有资产的人"（a person of substance）。德尔图良采用这套术语的目的，在于说明就像皇帝不必分割帝国便可以与自己的儿子分享帝国，圣父同样不必分割神性便可以与圣子和圣灵分享神性。这就有了"一个本质和三个位格"的著名公式。就本书的关注点而言，最重要的是德尔图良再次运用法律概念来阐释他的三位一体论，再次把上帝比作世俗的统治者与立法者。[10]

德尔图良的创造论是在驳斥马西昂的过程中形成的。德尔图良主张所存在的万有都是上帝创造的，这一点与马西昂截然不同。肉体是上帝创造的，灵魂同样如此。《圣经》之所以有时诋毁肉体，只是因为灵魂利用肉体来实现邪恶的目的。在一段可以充分展示独特的德尔图良式讽刺的文字中，德尔图良断言自己的上帝创造出整个世界，挑战马西昂至

---

[7] *Ep. ad Cor.* 20.11.
[8] *Adv. Marc.* 1.26 (ANF, 3:292).
[9] 同上，（ANF, 3:391）。
[10] 这是对德尔图良的公式及其三位一体论最普遍的解释。但另参 Prestige, *God in Patristic Thought* (London: W. Heinemann, 3. 936), pp, 97–106。

少让**他的**上帝创造出"一堆零散的蔬菜"。[11] 赫莫杰尼斯（Hermogenes）相信，世界是用一种先存的物质造成的。在同赫莫杰尼斯论战时，德尔图良宣扬从无中创造的教义。这个教义最终成为基督教的标准教义。[12]

然而，我们本书的关注点，是德尔图良如何构想最初的创造。上帝的宇宙具有严格的秩序，因此，最初的创造便是上帝的终极目标。[13] 通常来讲，德尔图良的神学并不着眼于未来，除非是回归现已蜕变为天国的最初的创造秩序。换句话说，既然最初的状态是一个完美的秩序，那便是上帝的终极目标，此后所发生的一切都是罪造成的。[14] 基于我们的传统，这种理解创造与上帝终极目标之间关系的静态方式在我们看来是最普通的，往往暗示全部历史都是罪的结果，上帝最初的目标不包括历史的存在。我们将会看到，在这一点上，第一类神学与第二类神学是一致的，奥古斯丁（Augustine）把这种历史观——或一种极为相似的历史观——变成西方标准的历史观。

德尔图良的原罪论同样对基督教思想史极为重要，特别是从我们的传统来看，它是标准的基督教教义。对我们大多数人来说，"原罪"（original sin）的说法会让我们想到所谓从祖先身上遗传而来的东西，归根结底就是从亚当和夏娃那里。德尔图良便是这样理解原罪的，他的理解同奥利金和爱任纽的截然不同——我们稍后还会在本章分析他们的原罪论。对于德尔图良来说，原罪是遗传而来。由于德尔图良的斯多葛

---

[11] *Adv. Marc.* 1.11. 这个论证可能是德尔图良从爱任纽那里抄来的，只是爱任纽说的没那么讽刺，参 *Adv. Haer*. 2.30.3.。

[12] *Adv. Herm*. 18.

[13] 德尔图良的确说过创造分几个步骤："上帝确实按照应有的顺序完成了所有工作。……因为上帝没有立刻让光充满太阳的光辉，也没有立即为天空装饰上星云和繁星，更没有立即用成群的海兽充满海洋。上帝没有立即赐予大地各种丰盛；上帝首先创造出大地，然后填满它，以免上帝没有徒劳造它。" *Adv. Herm*. 29 (ANF, 3: 493)。但请注意：引文中的谓语动词都是过去式。上帝的创造的确有先后顺序，但按照《创世记》的记载，上帝的顺序已经完成了。

[14] 德尔图良的著作始终有这种看法。但是，德尔图良的一些论述明显会让我们想起爱任纽关于上帝的目的的看法：上帝的目的是让亚当和夏娃成长。*Adv. Marc*. 2.4 (ANF, 3.299)："因此，上帝的美善（goodness）使人想要认识上帝……上帝的良善在于首先为人预备居所，先是**地上**广阔的世界，然后是**天上**更广阔的世界，人的居所有了大小两个世界，人在其考察期历练并成长，因此，人从上帝所赐给人的**善**（good）中得以提升，即从高位被提升到上帝**最好**的位置（the best），就是天上更美的居所。"

主义倾向,他很容易从物质主义的角度构想灵魂,认为灵魂是肉体极其微妙的部分。因此,德尔图良相信,好像我们会遗传身体特征,灵魂的特征同样是遗传而来。罪便是遗传特征之一,所以我们生来都是罪人。[15]

总之,对于本章所探讨的上帝论、创造论和原罪论,德尔图良的贡献是:上帝是审判者与立法者;创造是完美并已经完成的秩序;原罪是我们遗传而来。这些观念对西方基督教思想史影响巨大,以致今天我们当中仍有人理所当然地认为,只有它们才是基督教正统的上帝论、创造论和原罪论。但是,当我们研究另外两类神学时,会发现还有其他神学观——特别是第三类神学——更有助于我们理解《圣经》的信息,我们可以将其应用于我们当今的处境。

第二类神学:我们现在来讲**奥利金**,以及以强调**真理**为特点的第二类神学。我们发现,虽然奥利金同样反对异教多神论和诺斯替主义,但他的上帝论、创造论和原罪论与德尔图良的十分不同。奥利金的上帝论、创造论和原罪论,体现出柏拉图和柏拉图传统的其他思想家的影响。

在奥利金半个世纪之前时代,查斯丁和其他护教士在驳斥异教知识分子对基督教的批评时,发现柏拉图主义可以成为一位有价值的盟友。异教知识分子的批评是,基督教的上帝不具有可见的形象,不像罗马帝国的全部神殿中所展示的神像。基督徒的回应是,异教思想家中最智慧的人早已知道存在一位至高存在者,他是万有之源。柏拉图已经提出存在一个善或美的至高理念(the Supreme Idea of Good or of Beauty),它是万物的本源。现在,基督徒发现这些言论用起来十分方便,从而宣称《圣经》中的上帝——耶稣基督的父——正是哲学家所说的至高存在者。

这种论证很快便成为基督徒理解自己信仰的标准方法。因此,奥利金的伟大先驱亚历山大的克雷芒,把柏拉图主义变成自己理解《圣经》的主要工具之一。结果,克雷芒和奥利金得出同样的结论:对于《圣经》关于上帝的全部记载,我们的理解必须与哲学家关于至高存在者的论述相兼容。

因此,第二类神学往往把上帝称为不可言说者(the Ineffable One),

---

[15] *De anima* 40.

强调三一上帝与物质世界的差距。上帝是绝对超然的（transcendent），绝不是人的理智所能理解。[16] 我们的语言不能描述上帝，甚至不能大致描述，因此，描述三一上帝惟一恰当的方法，是描述上帝不是什么：上帝不是凡人，不是有限的，不是受限制的，不是可变的。用传统的神学术语来说，上帝是永存的、无限的、不受限制的、无情感的，等等。

奥利金的出发点正是这一思路，宣称对《圣经》的解释应当符合上帝的至高权威。例如，《圣经》所说的上帝的心、双手和双眼等，不能按照字义来理解。上帝的爱、恨或愤怒等情感同样如此。[17] 这些都"与上帝不匹配"。这显然要求我们对《圣经》进行寓意解释——这点我们稍后还会讲到。

此种理解在逻辑上的主要难题是，它无法解释上帝与世界的关系。[18] 关于这一点，我们会想到柏拉图始终面对的难题：柏拉图难以解释自己的永恒理念如何同具体的、历史的事物建立联系，而这是柏拉图在《巴门尼德篇》（*Parmenides*）中费尽全力都无法解决的难题。

早在奥利金半个世纪之前的时代，永恒不变的上帝与短暂易变的世界之间的关系，就已是查斯丁——甚至更早的柏拉图化的犹太人中的斐洛——所要面对的问题。如果上帝是超在者，且永恒不变，便必须解决这个问题：超在且永恒不变的上帝怎能与短暂易变的世界建立联系？查斯丁的解答深受异教与其他犹太思想家的启发，提出逻各斯（Logos）或道（Word）是上帝与世界之间的媒介。

很久以后，一种类似的理解成为较哲学化的阿里乌主义者（the Arians）的思想支柱之一。但是，如阿塔纳修（Athanasius）向反对他的阿里乌派所敏锐指出的，那并未解决问题。相反，那只能让问题更糟糕，

---

[16] 关于克雷芒的上帝论及其与创造的关系，参奥斯本（E. F. Osborn），*The Philosophy of Clement of Alexandria* (Cambridge: University Press, 1957), pp. 25–37，奥斯本证明了克雷芒与他的柏拉图主义的前设是一致的，但代价是常常牺牲掉传统的宗教用语。

[17] *De princ.* 1.1.6; *Contra Cel.* 7.38.

[18] "'上帝完全不变'的教义严重限制了我们对上帝其他属性的理解……这要求上帝通过一种完全永恒的方式来认识不断变化的自然世界和人类历史，因此，上帝被迫远离时间，以致宇宙的整个过去、现在和将来以共时的方式包含在上帝里面是，而不是相继的。" Rem B. Edwards, "The Pagan Doctrine of the Absolute Unchangeableness of God," in RelSt (1978), p. 305.

因为我们不得不提出另一个问题:逻各斯是短暂易变的,还是永恒不变的。如果短暂易变,世界与逻各斯之间的相通没有任何困难。但是,短暂易变的逻各斯怎能与永恒不变的上帝相通?又如何把永恒不变的上帝启示给短暂易变的世界?另一方面,如果永恒不变,永恒不变的逻各斯与上帝相通不存在任何问题,逻各斯的确能作为上帝的启示,但却不能与短暂易变的世界相通。[19] 查斯丁的解答极度非哲学化且很快就被否定,因为它接近多神论,把逻各斯称为"第二位上帝",声称逻各斯的神性稍逊于永恒不变的上帝。[20]

不管怎样,重要的是,对于第二类神学而言,上帝首先是绝对超在的不可言说者,"纯粹是理智性的",我们只能通过比喻来阐释上帝的爱或愤怒等。

奥利金的创造论有趣得多,却从未被基督教神学家普遍接受,即便是第二类神学自身类别内。奥利金是圣经学者,他同之前的圣经学者一样都充分意识到,《创世记》有两次不同的创造记载。当代学者对这两个创造故事的解释是,它们取材于两个不同的原始材料,然后被整合为一个文本。尽管奥利金的解释并非完全原创,[21] 但奥利金认为,《圣经》记载了两次不同的创造。[22]

第一次时,上帝只创造出灵(spirit),目的是整个受造物都是属灵的。《创世记》告诉我们,在第一次创造中,上帝按照自己的形像创造出人类,即"造男造女"。奥利金认为,"造男造女"意味着不存在性别之分,因为那时还没有肉体;上帝已经创造出理智(intellect),意图是用来默想上帝,与独一的上帝相通。假使没有罪,创造便已经圆满了。

然而,由于罪的介入,某些灵偏离了受造的目的,即不再默想独一的上帝。结果,他们堕落了。若非上帝的怜悯,这将导致他们堕入非存在(nonexistence)的深渊。但是,上帝赐给他们一个临时居所,直到

---

[19] Athanasius, *Oratio contra Ar.* 2.26. 爱任纽似乎已经意识到,基于上帝绝对超在性的神学存在这个难题。这可以在爱任纽关于诺斯替主义的"完满"(Pleroma)及其与宇宙的关系所进行的论述中看出。*Adv. haer.* 2.1.3.
[20] *Dial.* 56.11.
[21] 参 Philo, *De opif.* 138; *Leg. alleg.* 1.31. In *Adv. haer.*1.12. and 28, 爱任纽将类似的观点归咎于诺斯替主义。
[22] *De princ.* 13; 2.8; *Comn. in Cant., prol.; Comn. In Rom.*2.13.

他们预备好重获起初的纯洁。这个临时居所是一次物质性的创造，即我们现在所熟知的世界，也就是《创世记》所记载的第二个创造故事。在第二次创造中，最初的灵——现在被称为灵魂（soul）——得到肉体，因此，第二个创造故事才说上帝先创造出男人，然后创造出女人。性别同人体的其他特征与机能一样，都属于第二次创造。我们会一直处于第二次创造中，直到预备好重返属天的国度，而那正是我们最初受造的目的。

毫无疑问，教会并不接受这种两次创造论。特别是它暗示灵魂的先存，即一种教会很快便否定的异教学说。

然而，本书的关注点与其说是奥利金创造论的内容，不如说是他的创造论是如何形成的。对于奥利金及其整个哲学传统来说，理智生活优于肉体生活。理智或灵——奥利金认为二者是一样的——远优于物质，以至他无法想象物质是上帝终极计划的一部分。这让奥利金提出两次创造的假设。第二次创造包括物质，这并非是上帝原始计划的一部分。请注意，这种创造论十分接近诺斯替主义和马西昂主义，因为它们都宣称，现今的世界不是上帝的创造，而是一位劣等神祇所造。奥利金反对诺斯替派的创造论，但他最终认为，尽管上帝确实创造出这个世界，可这是受造物的罪引起的，不是造物主的永恒旨意。

这便意味着，对于奥利金来说，历史是罪的结果。不仅是历史的实际进程被罪所玷污，且更深的一层含义是：有时间运转的世界是罪导致的。奥利金还是相信，真理必须不受时间影响。[23] 我们进而可以说，历史闯入上帝的计划，而上帝的计划原本只包括属灵的、不受时间影响的受造物。

按照这一思路，在讨论受造物人类里面上帝的形像时，奥利金坚持认为，上帝的形像绝对不是指肉体，而是人类的灵性与理性，它们是"无形的、不可见的、不朽的、永恒存在的。"此外，《罗马书》所说世界

---

[23] 这使汉森（Richard P. Hanson）宣称："奥利金从未接受一种至关重要的圣经观，即历史的意义。对于《圣经》的作者来说，历史是上帝启示自己的最佳领域……奥利金完全忽视了这一洞见。他没有否定或抛弃历史……但危险的是，奥利金贬低历史的重要性，从而贬低与历史相关的圣礼和末世论的重要性。在奥利金看来，如果历史具有什么意义，历史也只是一种被实行出来的寓言。" *Allegory and Event: A Study of the Sources and Significance of Origen's Interpretation of Scripture* (London: SCM, 1959), pp. 363–64.

所屈服的"虚空""无非是肉体。"[24]

奥利金的原罪论同上述主张一脉相承：所有人生来都是罪人。但是，这不是因为我们的罪是从亚当与夏娃那里遗传而来——这是之前德尔图良的看法，而是在于这一事实：在我们还处于纯理智的先存状态时，我们便已经犯罪了。正是由于犯罪，我们才身处现今的世界。

奥利金这几乎直接源自柏拉图的原罪论，包括他对这个世界为何存在灵魂的理解，从未得到教会的广泛认可，除非一些有神智思想倾向的团体时而在某些地区还会复兴他的原罪论。一般而言，第二类神学后来的倡导者都抛弃了奥利金的原罪论，转而追随他的先驱亚历山大的克雷芒。对于克雷芒来说，原罪和伊甸园中堕落的故事都是象征，在于说明所有人的罪都是自己犯下的，所以罪既具有个体性，也具有普遍性。[25]

第三类神学：爱任纽同我们的另两位神学家一样，都强调上帝的独一性和能力。他同奥利金一样，都相信上帝是永恒存在的。但是，爱任纽与亚历山大学派的神学家不同，他并不回避上帝看似更拟人化的属性：

> 他是单纯的、非复合的存在者，没有互异的部分，完全像他且等同于他自己，因为他是完全的理解力、完全的灵、完全的思想、完全的理智、完全的理性、完全的听力、完全的视力、完全的光、一切善的完全的源头。[26]

请注意，在这段看似非常哲学化的引文中，爱任纽不但说上帝的属性有理智和灵，还有听力和视力。爱任纽的主要关注点不是避免拟人化的用语，而是尽量准确描述《圣经》、基督徒的崇拜与虔信中的上帝。对于基督徒而言，上帝首先是圣父，后来接纳他们为上帝的儿女。爱任纽认为，这是基督徒与外邦人、基督徒与犹太人的区别：对于外邦人来说，上帝是"制造者、创造者、全能者"，而在犹太人看来，上帝是"主和立法者"。这并不是说基督徒的上帝不具备这些特质；相反，福音教

---

[24] *De princ.* 1.7.
[25] *Strom.* 3.16.
[26] *Adv. haer.* 2.13.3 (ANF, 1:374).

导我们，哲学家只当作全能的创造者、犹太人只当作至高的律法制定者来崇拜的上帝，也是且首先是圣父。[27] 在这一点上，爱任纽无疑曲解了犹太人的上帝，因为上帝在《旧约》中不只是君王和律法制定者。不幸的是，我们的三位神学家——及其后许多基督教神学——都有这种曲解。

爱任纽的三位一体论特别值得注意。我们已经讲过德尔图良的公式："一个本质和三个位格"，它有幸被教会普遍接受，尽管它的意义同首创者德尔图良所说的本意有些不同。我们还讲过奥利金及其所属的传统，他们把逻各斯或道的教义用作永恒不变的独一上帝与短暂易变的世界之间的桥梁。爱任纽不想上升到奥利金的哲学高度，更不想提出德尔图良那种绝妙的公式。对于爱任纽来说，三位一体的三个位格如何建立相互的联系是次要的。重要的是必须知道上帝是圣父、圣子和圣灵，明白这如何说明上帝与世界和我们建立联系的方式。

爱任纽所使用最独特的意象是把圣子和圣灵称为"上帝的双手"。爱任纽的许多诠释者对这一意象提出过异议，因为它极其拟人化（anthropomorphic），但它值得我们注意。当然，爱任纽不是真的说上帝有两只手，被称为道（或圣子）和圣灵。相反，爱任纽想要通过这一意象说明，上帝与世界确实有直接联系。查斯丁、克雷芒、奥利金，以及他们所产生的整个传统，往往把上帝与世界分开，把三位一体的第二个位格——道、逻各斯或圣子——当作联结上帝与世界的纽带。但是，爱任纽提出，上帝的双手通过创世之工和对历史的引导而深入世界。道和圣灵不是为了保卫上帝与世界的差距，而是恰恰相反：道和圣灵是要避免任何这类差距。[28]

我们再来看创造论。我们再次发现，爱任纽的主要志趣不在于思辨，而是实践与教牧。就算明白创造的全部奥秘，只要这种知识不能引人认识上帝的爱就毫无用处。

---

[27] *Epid.* 8.
[28] *Adv. Haer.* 4, *prol.* (ANF, 1:463)："人是灵与肉的混合体，照着上帝的样式造成，由上帝亲手塑造，即通过圣子和圣灵。" *Adv. haer.* 5.1.3 (ANF, 1:527)："亚当从未逃脱上帝的双手。" *Adv. haer.* 5.6.1 (ANF, 1:531)："通过圣父的双手，即圣子和圣灵，人——不（只）是人的一部分——是照着上帝的样式造的。" *Epid.* 11 (ACW, 16:54)："上帝用自己的双手创造了人。"

> 因此，更好的是……人宁可不要知道上帝到底为什么创造一个东西，而是相信上帝，继续在上帝的爱中，而不是因为那种知识而膨胀，从而失去人的生命，即上帝的爱。[29]

因此，爱任纽的创造论没有奥利金的创造论的思辨性。爱任纽的旨趣不在于上帝如何或为什么创造世界，而爱任纽在这一点上与德尔图良是一致的。爱任纽只关心一个基本事实：整个世界都是上帝创造的。

另一方面，当德尔图良用创造论来说明上帝设立了支配宇宙的律法，所以我们应当遵守这些律法，爱任纽并不否认这一点，却提出了内容更为丰富的创造论。对于爱任纽来说，创造不是结束，而是上帝与受造物人类之间关系的开始。历史是爱任纽神学思想的基本类别，因此，他把创造视为历史的起点，历史不是罪的结果。即便没有罪，也会有历史——但罪无疑改变了历史的进程。

因此，爱任纽把《创世记》的记载称为"创造的起点"。[30] 上帝那时只创造出起点，然后这一起点通过历史的进程得以发展。

爱任纽为了说明这一点，强调亚当和夏娃被造得"像孩子一样"。[31] 这并非他的发明，而是出现在以前安提阿的狄奥斐卢斯（Theophilus of Antioch）的著作中，[32] 亚历山大的克雷芒的著作中，[33] 而且它数百年来在东方的基督教中相当普遍。[34] 爱任纽——和教会初期的一些神学家——都认为，我们不应当把起初完美的创造理解为创造彻底完成了，

---

[29] *Adv. haer.* 2.26.1 (ANF, 1:397).
[30] *Adv. haer.* 2.25.3; 4.11.1.
[31] *Adv. haer.* 2.25.3; 4.11.1. (ANF,1:521): "上帝可以一开始便把人造得完美，但人不能接受这种(完美)，因为人仍是婴孩……上帝有能力一开始便赐给人完美，但人只是最近才被造成，所以不可能接受完美，即便人已经接受完美，也不能容纳完美，或正处在容纳完美的过程中，却不能保留这完美。"下述引文可以明确说明这种创造论与历史的意义之间的联系，也把一切都与"上帝圣化受造物人类"这一计划联系在一起："那么，尚未被造为人怎能成为神呢？新近才被造的人怎能完全呢？……那么，如果你是上帝亲手创造的作品，就要等候造物主的手，祂的手适时创造出一切；至于你，你的创造正在适时地进行。" *Adv. Haer.* 4.39.2 (ANF, 1:522–23). 参 CF. *Epid.* 12.
[32] *Ad Autol.* 2.25.
[33] *Strom.* 2.22.
[34] 至少到了加萨的普洛科皮乌斯（Procopius of Gaza，死于公元529年）时，参

再没有任何成长与发展的空间。相反,上帝的计划是要受造物人类成长,以至使人类能够享受与上帝越来越亲密的团契。

我们应当在这一背景中理解"上帝的形像"(imago Dei)。根据《歌罗西书》1章15节,上帝的形像就是耶稣基督。因此,"按着上帝的形像"被造是指人类是以耶稣基督为模型造成的。上帝不是在造人之后才决定通过道成肉身取得人的样子,而是上帝一开始便打算成为肉身,所以把成为肉身的道用作亚当与夏娃的模型。[35]

这明显说明道成肉身是上帝最初计划的一部分;道成肉身不只是因为罪。我们以后还会探讨这个主题;我们只需在此指出,不论这在现代西方基督徒看来多么陌生,它确实是初期基督教神学——和中世纪神学——相当普遍的主题。[36]

因此,人类被造的甚好:这并不代表人被造成了成品,而是人是按照成为肉身的道这一模型被造的。人类有能力成长得更像成为肉身的道,所以能够享受同造物主的亲密相交。[37] 最终,人会变得比天使还崇高。

天使好像王子的老师。[38] 尽管老师的权柄暂时高过王子,但他们知道自己最终不得不交出老师的权柄,臣服于自己以前的学生。天使是人

In Gen. 2.8 (PG, 87:164)。

[35] Epid. 22 (ACW, 16:61): "这个'形像'是上帝的儿子,人是按照他的形象被造的。" Adv. Haer. 5.16.2 (ANF, 1:544): "很久以前,据说人是按照上帝的形像被造的,但上帝的形象还未(真正)彰显出来;因为上帝的道还不可见,而人便是按照上帝的道的形像被造的。" CF. Adv. haer. 3.22.3; Epid. 97.

[36] 这一主题在初期基督教神学中十分普遍,德尔图良的话便可以证明:上帝"看着自己的道、将要成为人的基督说:'我们要照着我们的形像,按着我们的样式造人。'" Adv. Marc. 5.8 (ANF, 3:445). 然而,这种观念并未与德尔图良的其他神学有机联系在一起。德尔图良似乎接受了以前残余的观念,只是他几乎没有用过。按照德尔图良的解释,"上帝的形像"只是指受造物人类像上帝,参 Adv. Marc. 2.5。此外,德尔图良对人最初的完美的解释是静态的,参 Adv. Marc. 5.5。德尔图良还有很多论述,在此只能引用两处。(爱任纽也说过上帝与人在形体上是相似的,Epid. 11.)。

[37] Adv. haer. 4.14.1 (ANF, 1:478): "因此,上帝起初创造亚当,不是因为上帝需要人,而是上帝需要(有人)来接受他的恩惠。" 这与"使受造物人类圣化"的目标息息相关,这一点以后还会讲到。孩子最初被造是为了接受上帝的神圣恩惠;同时也是为了成长,与上帝建立更亲密的团契。

[38] Epid. 12 (ACW, 16:55): "因此,上帝使人成为地上及其中一切的主,也暗地里使人作了其中仆人(如天使)的主。但是,天使已经全备发展了,可人作为主仍然很小;因为他还是孩子,仍需要成长,才能最终完美。德尔图良在 De

类的良师益友，而人类将蒙召成为被上帝收养的子女，继承上帝的权能与荣耀。[39]

从这种角度来看，爱任纽对罪的理解同第一类神学或第二类神学大相径庭。罪不在于违反造物主所强加于人的某些专横的律法（第一类神学），也不在于停止默想上帝（第二类神学）。上帝首先是牧者与家长（parents），因此，上帝的律法旨在引导我们自己的成长。牧者带领羊群走上某一条路，不会只是为了展示能力与权柄。人的父母制定行为准则，不会只是为了享受被服从的乐趣，而是相信行为准则有益于孩子。同样，上帝制定的律法服务于受造物人类，帮助人类成长与发展，同上帝建立更亲密的团契。

造物主把男人和女人安置在伊甸园中，让他们的智慧得以增长，从而越来越接近他们智慧的造物主，为他们愿意学习公义的那一刻做准备。在乐园中规范生活的律法，不是为了荣耀上帝，仿佛造物主是迂腐之人，事事都一定要炫耀他的优越地位。相反，律法的功能是训练亚当和夏娃认识上帝。[40] 禁止吃善恶树的果子原本不是永久的命令。相反，上帝想

---

pat. 5 中也说过类似的话，但他的确切意思并不是十分清楚。请注意：类似看法——即人最终优于天使——也出现在保罗书信中（《哥林多前书》6 章 3 节："你们岂不知我们要审判天使吗？"）和《希伯来书》2 章 5 至 8 节中（我们所说将来的世界，上帝没有交给天使管辖。但有人在某处证明说："人算什么，你竟顾念他；世人算什么，你竟眷顾他。你使他暂时比天使微小，赐他荣耀尊贵为冠冕，你派他管理你手所造的，使万物都服在他的脚下。"既然使万物都服他，就没有剩下一样不服他的了。只是如今我们还不见万物都服他）。摘自《圣经和合本修订版》（简体）——译者注。

[39] 此外，撒但正是因为嫉妒受造物人类有这么高尚的命运才反叛。*Epid.* 16．德尔图良也有类似想法，他宣称魔鬼"无法忍受耶和华上帝使他所造的宇宙万物都顺服他自己的形像，即人。" *De pat.* 5 (ANF, 3:709).

[40] 我们应当指出，爱任纽在这一背景下把上帝在伊甸园中颁布的律法理解为一种教学工具。*Epid.* 15. 此外，基督成全了律法，从而把我们从律法中拯救出来。"基督不希望将要得救之人放置在摩西的律法之下，因为基督已经成全了律法；基督希望他们靠着上帝的道，借着对上帝之子的信仰和爱在新生命中得到自由。" *Epid.* 89 (ACW, 16:102)."我的意思是，我们不应当再回到以前的律法。因为我们已经接受了律法的主，他是上帝的儿子。借着对他的信仰，我们学会全心爱上帝，爱邻如己。……因此，我们不再需要以律法为师。看哪，我们站在圣父面前，与圣父面对面说话。在恶事上，我们是婴儿；在一切公义和好事上，我们无比强壮。" *Epid.* 95–96 (ACW, 16:105–106).

要人最终获得善与恶的知识，永远活着，"像神一样"。[41]

由于蛇的引诱，亚当和夏娃企图缩短上帝的计划。好像小孩子在尝试跑的时候可能跌倒受伤，亚当和夏娃一旦偷吃禁果便违背了上帝的命令。

即便人深陷罪中，上帝依然爱着人类。死亡看似是诅咒，其实却不是，因为这死亡要让我们摆脱一种永远受罪所辖制的生命。[42] 死亡是上帝的命令，因为上帝知道最终通过耶稣基督，已经死去的人还会复活，同他们的造物主有更亲密的相交。[43] 虽然上帝把亚当和夏娃逐出伊甸园，但上帝依然爱着他们，怜悯他们，把兽皮赐给他们作了衣服。[44]

罪的结果是，人类受到撒但的辖制。[45] 亚当和夏娃拒不顺服上帝，从而成为蛇的奴役。由于他们是全人类的始祖——或爱任纽所说的人类的"头"，我们因着他们都受制于罪的邪恶权势。因此，原罪不像德尔图良和第一类神学所说，只是从我们的祖先那里遗传而来；原罪也不像第二类神学所说，只是一种描述我们个人行为的方法。相反，原罪是全人类一致转向恶的结果。正如《圣经》所说："我们在亚当里都犯了罪。"

对于现代人来说，这或许是爱任纽的神学中——可能也是《新约》中——最难理解的要素之一。我们习惯了个人主义的思维，而爱任纽相信，全人类好像一个身体，亚当是身体的头。一旦作为头的亚当犯罪，整个身体——即我们——也与亚当一同犯罪。我们可以借用一个现代的

---

[41] 这种观念看似十分惊人，因为对于《创世记》3章5节蛇所说的话，我们习惯了将其解读为那是迎合骄傲的谎言。但是，这种观念恰恰是理解爱任纽及其整个神学传统的关键。上帝的目标始终是受造物人类成长的"像上帝一样。"蛇并非完全说谎，而是过早把人类带入不成熟并从而是可怕的意识。我们应当指出，在与爱任纽有着相似神学背景的《启示录》中，《创世记》禁食其果子的生命树，在新耶路撒冷处于核心位置。按照这个古代的神学传统，人最终会吃这树上将使他们"像神一样"的果子。

[42] *Adv. haer.* 3.23.6 (ANF, 1:457): "上帝之所以把人逐出乐园，使人远离生命树，不是因为上帝像某些人大胆断言的那样妒忌人有了生命树，而是因为上帝怜悯人，（不希望）人永远是罪人，罪永远包围着人，恶无穷无尽，无法补救。"

[43] 这便是爱任纽坚持亚当终将得救的原因。*Adv. haer.* 3.23.

[44] *Adv. haer.* 3.23.5.

[45] *Adv. haer.* 4.22.1，这是在爱任纽的著作中反复出现的主题，其背景通常是基督通过战胜辖制我们的撒但而为我们赢得胜利。我们之所以受制于撒但，不只因为始祖的罪，还因为其他所有罪。参爱任纽关于金牛犊事件的讨论。*Adv. haer.* 4.15.1.

例子来说明：有些人生来就是美国人，因为他们的祖先移民到美国。从某种意义上讲，他们和祖先一起来到美国，祖先的移民决定了他们美国公民的身份，在一定程度上甚至决定了他们要生活在哪种法律与政治制度之下。如果起初只有一对夫妇移民，我们可以说其他所有人都在他们里面来到美国，即他们的所有后裔是一个身体，这对起初移民的夫妇是身体的头。我们以后将会看到，在爱任纽的救恩论中，至关重要的一点是爱任纽强调"人类一体"和"人类一同受罪的束缚"。

然而，在我们继续阐释、比较基督教初期的三类神学之前，最好先在我们的图表中再加入一些新的要素：

三类神学

	第一类	第二类	第三类
三个地区	迦太基	亚历山大	小亚细亚和叙利亚
三位神学家	德尔图良	奥利金	爱任纽
主要旨趣	道德	形而上学	教牧
主要范畴	律法	真理	历史
哲学取向	斯多葛主义	柏拉图主义	无特别取向
先驱	罗马的克雷芒	斐洛（查斯丁）	《新约》的许多内容
	赫马	亚历山大的克雷芒	伊格纳修
	《克雷芒二书》		波利卡普
			狄奥斐卢
上帝	立法者	不可言说者	牧者
	审判者	超在者	圣父
受造物	完全的	起初是灵性的	已经开始
		两次受造	
罪	违反律法	不默想独一的上帝	预期的悖逆
原罪	遗传而来	个人的	一人犯罪人人犯罪（一体的）

第三章 救恩之道

根据之前两章的阐释，我们可以说德尔图良、奥利金、爱任纽对救恩之道及救恩目标的理解是不同的。他们与教会其他信徒都相信，人类需要救恩。但是，当我们深入阐释他们的看法时，便可以看到三位神学家各自不同的侧重点。

第一类神学：迦太基的德尔图良相信，我们已经违背上帝的律法，所以应当受罚。换句话说，对于德尔图良而言，人类的问题首先是律法的债。我们认为罪犯"欠社会的债"；同样，罪人欠上帝的债。

那么，我们的问题是，必须找到还债的方法——从神学上讲是向上帝赎罪（Satisfaction）。[1] 既然我们是债务人，还债才是得救之道，即为我们的罪悔改。对此，德尔图良指出，我们之所以应当悔罪，不是因为悔罪是好的（尽管悔罪**的确是**好的），而是因为上帝命令我们悔罪。[2] 德尔图良的这种看法完全符合他的神学观。上帝已经为赦免我们的罪设

---

[1] *De cult. fem.* 1.1; *De pud.* 13; *De jejun.* 3; *De pat.*13. 与此同时，为了再次避免过于简化，我们应当指出爱任纽还说过这样的话："我们只欠上帝的债，因为我们一开始便违反了上帝的诫命。" *Adv. haer.* 5.16.3 (ANF. 1:544).

[2] *De poen.* 2 (ANF, 4:660)："其实强迫我们顺服不是好事，而是上帝已经这样命令了。"

定代价，那就是悔罪。悔罪必须真诚，否则就是用假钞向上帝还账：主好像智慧的商人，收款前一定会先检验钞票的真伪。[3]

在这一神学框架下，耶稣基督在德尔图良神学中的作用显得不太清楚。毫无疑问，耶稣基督是救主，如果没有耶稣基督，任何人都无法得救。假如有人就此问德尔图良，他可能会说：耶稣已经还清我们向上帝欠下的债。他的一段文字对此有过暗示："谁曾用自己的死拯救过另一个人的死？不是只有上帝的儿子吗？"[4]这句话的拉丁原文可能有"偿还"的含义，但在其他许多论述中，德尔图良对基督的工作做出的解释似乎非常像爱任纽的解释（我们稍后将阐释爱任纽的解释）。这一点都不奇怪，因为德尔图良明显读过爱任纽的著作。不管怎样，至少在这一点上，里昂的主教爱任纽的神学代表着教会当时的基本共识。

德尔图良的基督论与其三位一体论一样值得关注，因为他首先使用的术语最终成为正统神学的标志：两个本性（natures）或本质（substances）在一个位格（person）中。[5] 但是，德尔图良似乎是从法律意义的角度使用这些术语，而不是最终被赋予它们的形而上学的意义。

当我们阅读德尔图良的全部著作时，耶稣的意义显然主要在于耶稣的作为，即耶稣是律法的立法者。[6]对于德尔图良来说，耶稣是新摩西，福音是新律法。[7]因此，耶稣的主要目的在于赐给我们悔罪的律法。按照悔罪的律法，任何人若悔罪接受洗礼，并不再犯罪，都将得救。

从这种观点来看，洗礼不仅确保了悔罪，还洗净了罪人。但是，要想受洗，必须首先悔罪。[8]只要顺从基督所命令的洗礼，悔罪后的罪人便会罪得赦免。罪得赦免之后，我们必须小心谨慎，避免再次犯罪，因为再次犯罪会羞辱上帝的至高威严。既然洗礼只有一次，基督徒在申请受洗之前就必须明白自己的确敬畏上帝。因此，德尔图良觉得应当推迟洗礼，直到预备受洗者胜过年轻人才有的诱惑和试探。（请注意：德尔

---

[3] *De poen.* 6.
[4] *De pud.* 22.
[5] *Adv. Prax.* 25.
[6] 同上 5.
[7] *Adv. Cel.* 2.2; *Adv. Marc.* 4.14–16, 34–35.
[8] *De poen.* 6 (ANF, 3:662)："我们受洗不是为了让我们可以停止犯罪，而是因为我们已经停止犯罪，因为在内心里我们已经被洗涤了。"

图良之所以反对孩子受洗，不是因他认为孩子受洗无效；相反，正是因为德尔图良相信孩子受洗有效，所以不能重复受洗，他才反对孩子受洗。）

在接受水的第一次洗礼之后，犯罪的基督徒还有一次最终悔罪的机会，[9] 然而，此后除了殉道这一血的洗礼，基督徒再也没有悔罪的方法。[10] 德尔图良同当时的许多基督徒一样，都相信上帝的确会赦免堕落但却后来通过殉道见证他们的信仰和悔罪的基督徒。

重要的是，德尔图良把洗礼视为基督徒生命的起点。[11] 受洗之后，基督徒不再犯罪，因此，德尔图良反对为任何仍可能遇见试探的信徒施洗，如尚不能"坚决节欲"的单身汉与寡妇"以及孩子"。[12] 洗礼的功效将会消耗殆尽这一点也十分关键。我们将会看到，从第三类神学的角度来看，尽管洗礼只有一次，却终生有效。

洗礼是洗净罪的开端。这种看法提出一个与其息息相关的问题，即洗礼后的罪。这个问题对于德尔图良前后的整个神学传统都至关重要。到了公元2世纪中叶，赫马提出了同样的问题。赫马是基督教的作家与先知，他是罗马主教的兄弟。这个问题至关重要，因为有些基督徒在受迫害期间因为巨大的压力与恐惧而否定信仰，但他们后来希望重新加入教会。他们已经受洗，因此，要想重新加入教会，他们不可能再依靠悔罪的洗礼，因为洗礼只能洗净他们以前一切的罪。难道这些基督徒再也无法得到上帝的恩典吗？对于赫马来说，这同样是他个人的问题，因为他觉得自己有罪：他在受洗后仍贪恋一位妇女。赫马的最终结论是：信徒受洗之后仍有一次悔罪的机会，但在第二次悔罪以后再犯罪的信徒"基本难以得救"。[13]

大约在同一时期可能成书于罗马的《克雷芒二书》也有类似看法。[14]

---

[9] 同上 7。
[10] *De bap.* 16 (ANF, 3:677)："耶稣从他被刺伤的肋旁发出这两种洗礼，为了让相信他的宝血的人可以用水洗礼；为了让用水洗礼的人同样可以喝他的宝血。但这两者都不是那种洗礼，既无法代替未受洗时在洗礼池前的洗礼，也无法在失去洗礼时恢复洗礼。"
[11] 同上 1 (ANF, 3:669)："我们水的圣礼是有福的，因为我们通过洗净自己**以前**的'盲目'的罪而得以自由，进入永生！"（加粗的楷体字为作者所加）。
[12] 同上 18。
[13] *Mand.* 4.3.6。
[14] *II Clem ad Cor.* 8.1–3。

赫马和《克雷芒二书》是德尔图良的先驱，我们以后还会看到，源于德尔图良神学的第一类神学传统如何最终发展出路德及其追随者们所抗议的补赎制度。因此，从一开始，洗礼后的罪这个问题便在以律法为特征的第一类神学中至关重要。

德尔图良很少论述圣餐的意义；[15] 德尔图良似乎相信，圣餐是可以增强基督徒忠于他们洗礼誓愿的决心的营养。[16]

最后，我们再来阐释德尔图良的末世论。在一两段文字中，德尔图良似乎提到过后人所说的炼狱。[17] 他的论述十分简短，以至我们不可能确切理解他的意思，因此，历史学家就如何解释德尔图良的论述难以达成一致，尽管炼狱的教义无疑同他的神学框架完全吻合。如果我们是上帝的债务人，在受洗后所犯的每一项罪都会加重我们的债务，我们最终的命运取决于是否还债，那么，合乎逻辑的结论是：带着信心去世却没能赎清所有罪的信徒，将有机会在得到最终奖赏之前炼净自己。德尔图良还是非常简短地提到过这种可能性，甚至说的不是非常清楚。但是，后来的神学按照第一类神学的神学观而得出合乎逻辑的结论，肯定炼狱确实存在，并把炼狱规定为教会的正式教义和补赎制度的一部分。

德尔图良认为，上帝的拯救将在千禧年之后结束：那时，上帝将使全人类复活并进行审判。有些人会受到永罚，而公义之人将得到奖赏，与"上帝永远同在。"秩序得以恢复，万物都遵守上帝的诫命。[18]

至于德尔图良本人，在捍卫基督教正统信仰、驳斥异教徒和异端之后，他离开主流教会，加入被基督徒视为异端的孟他努派。孟他努主义特别强调道德严格主义，[19] 声称"福音的律法"之后还有另一个更高层次的"圣灵的律法"。许多基督徒道德松懈，教会却似乎愿意接纳这些罪人，这令德尔图良痛苦不堪。如果福音是新律法，那么，没有完全顺服福音的教会一定不是基督的教会。由于德尔图良的气质与神学信念，他觉得教会需要更严格的道德，而孟他努主义恰好满足了他的需求。一

---

[15] 但请注意，德尔图良在 *Adv. Marc.* 4.40 中用圣餐来驳斥幻影论（Docetism）。
[16] 参 *De res. car.* 8。
[17] *De anima* 58。
[18] *Apol.* 48; *Adv. Marc.* 3.24。
[19] 参 *Hisory*, 1:142–43。

些古代作家声称，德尔图良后来放弃孟他努主义，建立了自己的宗派，即所谓的"德尔图良派"（Tertullianist）。如果事实确实如此，这种结果完全符合我们对迦太基这位伟大作家的了解。

第二类神学：亚历山大的神学家对救恩之道的理解非常不同。根据我们之前的阐释，对于第二类神学来说，人的困境显然不是主要在于偿还必须还清的债，而在于我们没有能力默想上帝，从而反映出上帝的形像，而默想上帝正是我们人类受造的目的。[20] 虽然这并非代表克雷芒和奥利金忽视了罪的其他方面，但阅读他们的著作会让我们有这样一种印象：我们作为人的主要难题是，我们需要从上面而来的光照（illumination）。光照不是纯理性的，也包括情感上的，正如整个柏拉图传统的主张。我们需要的光照是关乎灵性实在的异象，一种将驱动我们意志的异象。[21]

在澄清**光照**在这一背景中广泛的意义之后，我们可以正确地说，第二类神学把我们的"无知"视为主要问题：不是我们缺乏对世界的认识，而是缺少对光照这一必要异象的认识，而光照使我们重新默想独一的上帝，从而重返我们属天的家园。受造物人类的理智超群。堕落以前，我们都是纯粹的理智；现在，我们成了有肉体的灵魂是因为罪，因为不再默想永恒的上帝。[22]

因此，奥利金认为，肉体的存在是辖制受造物的"虚空"。[23] 肉体的确是上帝创造的——奥利金在这一点上明确反对诺斯替主义者的看

---

[20] *Strom*. 4.6 (ANF, 2:414)："这是上帝的意旨：（我们应当获得）对上帝的知识，这是永生的渠道。"同上 4.22 (ANF, 2:434)："那么，我们可以设想有人向（真正的——即正统的）——诺斯替主义者提出他到底该选择对上帝的认识，还是选择永恒的救恩；如果这完全相同的两者可以分开，那么，他会毫不犹豫地选择对上帝的认识。"参奥利金的 *Hom. in Gen*. 1.13。

[21] *Strom*. 4.21 (ANF, 2:433)："肯定不能通过坏行为得到知识（诺斯）。"同上，5.11 (ANF, 2:460)："上帝现在悦纳的祭物是坚决摆脱肉体及其情欲的搅扰。这便是真正的敬虔。"奥利金，*Peri Euches* 9.2："心智应当向上举目，不再关注世间的事物，也不再注视物质的形象。心智的双眼达到如此的高度，以至它们鄙视受造物，单单思想上帝。"

[22] *De princ*. 2.9.3 (ANF, 4:288)："理解力（或理智）从它的地位和尊容跌落，以致成为或被命名为灵魂。只要它被修复与校正，便会回归到理解力的状态。"

[23] 同上 1.7, 5。奥利金在此参考了《罗马书》8 章 20 节，这是保罗许多难解的经文之一，但如果从第三类神学的角度来解释，难题便迎刃而解。

法。但是，上帝创造肉体的目的是应对理智的罪。如果没有罪，便不会有物质性的创造。物质性的创造终将不复存在。

为了人类，上帝派来耶稣基督，即上帝的成为肉身的道或逻各斯。耶稣在拯救过程中的主要功能，在于向我们传达所需的光照。为了解释这一点，奥利金通过一座巨大的雕像来说明。[24] 相比于我们的有限，上帝极其无限而广大，以至我们无法理解。我们好像一只蚂蚁，想要理解一座巨大的雕像。我们看见的巨大雕像让我们敬畏，却没有感动我们。如果蚂蚁看见一座同巨大的雕像一样的小雕像，小雕像的尺大小又适合蚂蚁观察，那么，蚂蚁便能比较容易看清并理解雕像，从而深有感触。上帝的道在耶稣里成为肉身，这为我们提供了这样一座小雕像；耶稣如实反映出更大的上帝的形象，但耶稣的形象更易于我们理解。凡是看见耶稣的人，就看见了圣父，只是这是在迁就人类有限的理智。耶稣降世的目的在于呼召我们重新默想独一的上帝，即为我们提供所需的光照。[25]

这种神学以基督的神性为中心——当然也不否定基督的人性。对于奥利金及其先驱亚历山大的克雷芒来说，重要的是耶稣为圣父真实的形像，我们看见耶稣就能看见圣父，因此，我们拥有对永恒上帝的真实启示。在奥利金时代，大多数基督徒都明确否定基督根本没有物质躯体的观念，因此，克雷芒和奥利金都肯定基督的物质躯体是真实的。但是，阅读他们的著作给我们留下的印象是，基督的人性只有在作为一种工具才是必要的：凭借基督的人性，上帝的道让人看见，从而成为我们的教师与光照者。[26]

对于神性与人性在基督里的结合，奥利金是这样理解的：为了在世上显现，上帝的道与一个尚未堕落的理智及其肉体结合，这个理智同我们的灵魂一样，只是没有犯罪，而这个肉体同我们的肉体一样。这一点

---

[24] 同上，1.2.8。
[25] 同上，2.6.3。
[26] 这可以在克雷芒无意间驳斥幻影论时看出 (*Strom.* 6.9; ANF, 2:496)："至于救主，（提出）其真实肉体需要必要的帮助才能持久是荒唐的。因为救主不是为了肉体而吃，因为他的肉体通过神圣的能量来保持完整，而是为了不让那些同他在一起的人对他有异样的看法：同样地，正如后来的人所确实提出的，救主以幻影的形式显现。但救主肯定是无情感的，没有任何情感波动，不论是喜乐，还是痛苦。"

非常重要，因为深受奥利金启发的后期亚历山大学派的神学过于强调神性，以致危及到救主耶稣基督的人性。亚历山大学派某些重要的神学家否认耶稣具有人的灵魂。尽管奥利金的确强调耶稣具有人的灵魂，[27] 在这一方面我们不应指责他要为亚历山大学派神学的后来发展负责，但他确实脱不掉干系，因为奥利金强调救主耶稣基督的神性对我们得救起到了最重要的作用——这源于奥利金的救恩论，即救恩为光照。

如果基督的工作主要在于光照，圣礼便必然有类似功效。洗礼和圣餐都是灵性实在的象征。奥利金承认，这种解释不同于当时大多数基督徒所信的，所以提出把圣礼解释为具有象征意义才是最正确的，但只有被光照的人才能理解这一点。[28] 圣礼具有真实的功效是当时流行的解释，虽然这种解释也可以接受，却较缺乏说服力。

奥利金的神学最有趣的一点，或许是他对救恩目的的理解。奥利金相信，最初的受造物是纯灵性的。之所以会有物质性的受造物，是因为上帝最先创造的纯粹理智犯罪了。万物最终都会复原，所以终点与起点是一样的。如今，上帝通过耶稣基督、圣灵和教会呼召受造物恢复最初的理智状态。一旦上帝的计划实现，物质性的受造物便不复存在，所有的灵都将恢复最初的状态——但灵魂在最终得到恢复之前需要在乐园中接受训练，"乐园是灵魂的学校"。[29]

奥利金认为，最终的复原是全宇宙性的。所有理智的存在——包括魔鬼——都在其中。归根结底，魔鬼毕竟是理智的存在，最初受造时同天使和人类一样，只是他们堕落的比我们人类还严重。最终，所有堕落的灵，包括魔鬼，和从未堕落的灵，都将再次享受默想永恒的上帝所带来的喜乐。

那么，地狱又如何解释呢？地狱不是永罚，而是上帝用来净化堕落之灵的地方，好像医生用火洁净医疗器具。[30] 虽然魔鬼和非基督徒必须经过地狱，但他们最终都会恢复原始状态。

---

[27] *De princ.* 4.1.31.
[28] *In Io.* 32.24; *Mat. ser.* 85.
[29] *De princ.* 2.11.6.
[30] 同上 2.10.4—6; *De orat.* 28.13; *Hom. Num.* 16.3.

此外，复原之后的受造物便是他们的原始状态，即纯灵性的受造物。[31]那么，如何阻止某些理智再次堕落？如何阻止新一轮的堕落与复原？无法阻止。因此，奥利金提出在我们之前之后还可能存在其他世界，但他确信耶稣只为万物受苦一次，不需要再在来世受苦。[32]

第三类神学：爱任纽的主要神学范畴是历史，他对所有这些问题的理解十分不同。人类的困境不是我们因为犯罪而欠下的债，也不是我们需要从上面而来的光照，而是我们受制于撒但。[33] 人类是一个整体，我们都在亚当里犯了罪，我们和亚当都成了撒但的奴役。[34] 撒但是暴君，阻止我们自由地行动，妨碍我们按照上帝的计划成长。

人类犯罪以后，历史仍在继续。事实上，历史和历史进程都不是罪的结果，因为上帝始终希望我们通过历史进程与上帝更亲密地相交。历史的实际发展确实是罪的结果。虽然我们继续自然成长——这是上帝的恩赐，但我们自然的成长已被扭曲，所以我们从某种意义上讲都是畸形的。我们像是不幸遭遇事故的孩子，虽然丧失了智力和语言能力，却仍在继续成长。[35] 成长本身是好的；但由于不幸的事故，我们现在的成长方式是扭曲的。同样，我们是上帝的受造物，不论作为个人，还是作为一个种族，我们的成长都是好的。但是，由于被罪所扭曲，成长的具体过程是畸形的。我们是撒但的奴役，好像那个孩子被不幸的事故所奴役。

因此，我们需要解救。我们需要某人战胜辖制我们的暴君，让我们重新成为上帝计划中的受造物。我们在被拯救之后，还需要上帝引领我

---

[31] *De princ.* 3.6.3.
[32] 同上，3.1.23。这种"世界循环"的观念是奥利金被第五次普世大公会议定位异端的原因之一。还需指出的重要一点是，奥利金没有解释其他世界在没有新的道成肉身的情况下如何得救。奥利金的正统神学显然没有让他得出逻辑严谨的结论，即道成肉身对于任何一个堕落的世界的光照都是必要的。
[33] *Adv. Haer.* 5.21.3 (ANF, 1:550)："因为正如他（撒但）起初诱惑人违反造物主的律法，从而使人受制于他的权势；他的权势仍透过悖逆和背叛存在，并借此捆绑了人。"
[34] 同上，3.22.4。
[35] 关于爱任纽这一神学思想的详细讨论，参 G. Wingren, *Man and the Incarnation: A Study in the Biblical Theology of Irenaeus* (Philadelphia: Muhlenberg, 1959), pp. 26–38。

们重新成长，与造物主更亲密地相交。

因此，爱任纽认为，基督的主要工作在于战胜辖制我们的权势。"因为他呼召所有哀伤的人，赦免被自己的罪奴役的人，上帝把他们从捆锁中拯救出来。"[36] "上帝自己出征，恢复了人的自由，将"永不败坏"的基业赐给他们。"[37]

> 因为他争战，他获胜了；因为他为了父亲争战（或许更好的译文是"为了父母"，即亚当和夏娃），通过顺服彻底废掉悖逆；因为上帝捆绑了强者，拯救了弱者，上帝毁灭了罪，从而令自己的艺术品披戴救恩⋯⋯
>
> 上帝使人（人性）忠于上帝，与上帝合一。因为只有人战胜人的敌人，敌人才会被名正言顺地击败。此外，除非上帝白白赐下救恩，否则我们永远都没有把握得救。[38]

耶稣做到了这一切，因为他把自己交给撒但的权势，并最终得胜。耶稣的工作正在于变得像亚当与夏娃的一个后裔，且没有被恶的权势所胜。

因此，爱任纽没有把十字架视为基督整个救恩工作的核心。对于爱任纽来说，十字架固然重要，但十字架不能夺去道成肉身与复活的光彩。[39]

从某种程度上讲，道成肉身正是上帝最初的计划。[40] 神与人永远合一。这始终是上帝计划的一部分。现在由于罪，道成肉身增加了新的救赎的面向。耶稣是新亚当，是不再受制于撒但的新人类的开端。耶稣使人类"复归元首"（recapitulate，该词的字义是"再次作头"或"重新

---

[36] *Adv. Haer.* 3.9.3 (ANF, 1:423).
[37] 同上，3.5.2. (ANF, 1:418)。
[38] 同上，3.18.6. (ANF, 1:447–48)。爱任纽其实在许多论述中都表达过类似思想。
[39] 关于爱任纽对基督的工作的理解，有一部经典专著，参奥伦（G. Aulén），*Christus Victor: An Historical Study of the Three Main Types of the Idea of the Atonement* (New York: Macmillan, 1957)。读者会注意到，奥伦所讨论的三类救恩论，大致相当于本书所探讨的三类神学。奥伦像是在对神学的某一特定方面的深入探讨，这在很大程度上证实了本书的论点。
[40] 同上，5.16.2。

成为元首",re-head)。⁴¹ 耶稣被称为新亚当,因为他的生命如同一次新创造,他要毁灭起初的创造因堕落所导致的事。因此,耶稣需要经历一个完整的人生,从孩子到成年,在人生各个阶段破坏恶所做的一切。这是爱任纽的神学中最显著的主题之一,引起了众多学者的关注。我们需要牢记的重要一点是:在爱任纽看来,**复归元首**(recapitulatio)不仅重塑人类历史,即毁灭撒但的工作,⁴² 以及在新元首之下塑造新人类。⁴³ 二者密切相关。

当耶稣在十字架上舍命,恶的权势自信已得胜之际,主耶稣复活了,摧毁了恶的权势,向追随他的我们,在我们与恶的权势之间筑起一道鸿沟,让我们借此也能摆脱恶的权势的捆绑。

我们都是罪人,因为我们都是肢体,所属的身体以第一亚当为头;同样,我们之所以从恶的权势中得救,是因为我们成为新创造的一部分,成为以耶稣为头的这一新身体的肢体。基督通过自己的道成肉身、生平、死亡和复活而成为新亚当——他原本就是,因为亚当按照基督的形像被造——成为新人类,即教会的头。

爱任纽把教会理解为基督的身体;这一意象是非常真实的,是一种意义深远的救恩论。如果有人问我们这一意象的含义,大多数人可能会回答说:它意味着我们是上帝用来实现自己神圣计划的工具。但是,这种回答在很大程度上反映出我们社会的实用主义,它让我们以一种机能的方式来理解教会为基督的身体这一意象。爱任纽对这一意象的理解更深刻,更真实。我们是基督的身体,正是因为这一事实,我们才能分享基督的胜利。在论述主耶稣复活的意义时,爱任纽提出新人类的头已经从死人中复活,因此在适当的时候,作为这一身体其余部分的我们也将复活。头与身体紧密合一,以至二者彼此分享各自的胜利。⁴⁴

"新创造"或"新造的人"的含义基本相同。现在,耶稣基督已经

---

⁴¹ 该词出自《以弗所书》1 章 10 节,《标准修订版圣经》(RSV)将其译为"联合"。《耶路撒冷圣经》的翻译更好:"将万有集合在头基督之下。"
⁴² *Adv. haer.* 2.22.4; *Epid.* 34, 37–38.
⁴³ *Adv. haer.* 5.2.2; 5.14.2; *Epid.* 6.
⁴⁴ *Adv. haer.* 3.19.3.

开始"更新人类"。⁴⁵ 耶稣基督是新亚当，因为新人类在他里面开始了，所以在基督里的人是"新创造"。⁴⁶ 在亚当里，旧的创造屈服于撒但，从而受制于罪和死亡。在新亚当耶稣基督里，新创造战胜了恶的权势。

至于道成肉身的方式，爱任纽并不关心神性与人性如何结合，这一问题后来在无休止的争辩中动摇着基督教会。在爱任纽心中，耶稣当然既是人又是神，但他没有讨论这种事怎么可能发生："但他（耶稣）在方方面面都是人，被上帝塑造而成；因此，上帝自己取得人的样式，不可见的上帝成为可见的人，不受制于苦难的上帝成为受苦的人，上帝的道成为人，从而把万物都囊括在他自己里面。"⁴⁷

爱任纽这样说似乎是不太关心注神如何能成为人，一个原因是对于爱任纽而言，神性与人性能够完美共存，因为人类受造的目的便是与神相交。从深受柏拉图传统影响的第二类神学的角度来看，即神性绝对不同于人类的所有特征，道成肉身在逻辑上是不可能的。爱任纽并不这样认为。对于爱任纽看来说，上帝一开始的目的便是成为人——即使这不是为了拯救人类——然后与人性完全地联合。因此，爱任纽把道成肉身视为上帝计划的顶峰。这没有摘下道成肉身的神秘面纱，但肯定避免了道成肉身在逻辑上的矛盾。此外，爱任纽讨论基督里神人二性时通常基于这一事实：基督是救主、胜利者、新人类的缔造者、新身体的头。

> 由于为了这个目的，上帝的道成为人，他原本是上帝的儿子，却成为人的儿子，从而人被上帝的道接纳，进入他的里面，被收养，因而成为上帝的儿子。我们绝无其他任何方法获得不朽与永生，除非我们与不朽和永生结合。但我们如何与不朽和永生结合，除非不朽和永生首先成为我们的样子，这样，可朽被不朽吞噬，必死被永生消溶，我们

---

⁴⁵ 同上，3.18.1。
⁴⁶ 保罗在《哥林多后书》5 章 17 节中著名的话通常是从个人的角度来解释的，但保罗的话很可能具有更深一层的宇宙论含意。从字面来看，保罗没有说如果某人在基督里，"他就是新造的人"（《英皇钦定本圣经》）或"他是新的创造。"保罗其实是在说"如果某人在一个新创造里，即基督里。"
⁴⁷ 同上，3.16.6. (ANF, 1:443)。

才能被收养为儿子。难道不是这样吗？[48]

> 事情就这样发生了……上帝的道保持沉静，以致圣子被容许受试探，被羞辱，被钉十字架，遭受死亡的痛苦，但当人性得胜，忍耐（却没有屈服），行事慈善，复活，被接升天时，人性被它（神性）吞并了。[49]

总之，基督的工作以神性与人性的结合为核心，它在于战胜恶的权势，把我们从它们的辖制中拯救出来，使我们成为新造的身体的肢体，连于新的头。

这在某种程度上是洗礼的意义。[50] 洗礼不只是一种洁净的仪式，代表基督徒生命的起点。最重要的是，我们通过洗礼而联于基督。洗礼是一种嫁接，使我们成为真葡萄树的枝子，即基督的身体的肢体。正是因为这种嫁接，我们才可以说自己的罪在洗礼时被洗净了：不是因为水洗净了我们，而是我们凭借与基督联合，我们得以分享基督的胜利，从而摆脱罪的权势，不再受旧创造的束缚。因此，洗礼不只是基督徒生命的起点。洗礼终生有效，好像"嫁接"会不断为枝子供应生命。我们凭借洗礼而成为基督的身体的肢体，而这不仅是在我们的基督徒生命开始之初，更是贯穿我们基督徒生命的始终。

如果洗礼是一种嫁接，让我们成为基督的身体的肢体，那么，圣餐就是上帝赐给我们的一种途径，用来滋养作为基督肢体的我们。[51] 所嫁接的肢体依靠身体的血液与营养存活。同样，基督徒从圣餐中汲取滋养，而圣餐在爱任纽时代——以及整个教会史的大部分时间里——都是基督徒正式的崇拜仪式。因此，爱任纽的意思是信徒依靠崇拜来汲取营养，而崇拜从本质上讲便是圣餐。对于爱任纽而言，圣餐的象征意义，或基督如何临在于圣餐中，并不重要。在领受饼和酒的过程中，我们这些肢

---

[48] 同上，3.19.1. (ANF, 1:448–49)。
[49] 同上，3.19.3. (ANF, 1:449)。
[50] 同上，3.17.2. (ANF, 1:445)："因为我们的肉体已经借着带来洁净的洗礼盆而实现合一；但我们的灵魂得洁净则依赖圣灵。"
[51] 这种滋养不是纯灵性的，因为它还影响肉体。"他们怎能说由主的身体与宝血滋养的肉体必然朽坏呢？"同上 4.18.5 (ANF, 1:486)。我们从上下文中可以看出，爱任纽这里是在说圣餐。参同上，5.2.2。

体与头的联合得以加强，从而再次分享基督的胜利，这才是至关重要的。

爱任纽的神学中最有趣的一点，或许是他对人类存在终极目标的理解。我们已经讲过，为了创造人类，上帝以将成为肉身的上帝的道为模型，因为人生的终极目标是与造物主相交。上帝的目标是亚当和夏娃都能在公义与认识上帝方面成长，从而越来越接近造物主，而这是一个永恒不断的过程。[52]

爱任纽把这一过程称为"神化"（divinization）。[53] 后来的神学家——特别是西方神学家——往往将神化视为一种不恰当的思辨，让人想到东方教会的神秘主义倾向，把人生的目标视为回归神性，就是人曾在上帝里面失去自我的地方。这不是爱任纽所理解的**神化**。对于爱任纽来说，上帝与受造物人类之间的差距巨大，不论我们多么接近上帝，我们仍是受造物，不能同上帝混淆。我们永远不要忘记受造物与造物主的差别。爱任纽的意思其实是，上帝的目标是让人类永远成长，日益接近他们的造物主，与上帝越来越亲密地相交。我们被造，使我们可以"变得像神"（become like gods）。

"变得像神"是一种诱惑，是蛇在伊甸园中对亚当和夏娃说的——不是因为话中隐含错误的野心，而是因为被上帝造的"像小孩子"的受造物人类还没有为这重大的一步作好准备。蛇的诱惑企图缩短上帝的计划。蛇的话虽然说的过早，却恰好反映出上帝的计划，即由我们以后将成为上帝所收养的儿女体现出来。

因此，作为人生目标的神化在于我们成为上帝所收养的儿女，并越来越像我们的造物主。"永生"这个恩赐是神化的一部分。"上帝教导我们的心智"同样也是神化的一部分，上帝逐步引领我们的心智同上帝的目标达成一致。

上述内容在很大程度上像是不恰当的思辨。但是，我们在此必须强

---

[52] 同上 2.18.3 (ANF, 1:399)："不仅在现今的世界中，也在未来的世界中，因此，上帝将永远教导，人将永远学习关于上帝的事。"同上，4.11.2; 4.28.4。
[53] 同上，4. praef. (ANF, 1:463)："惟有万有的圣父、圣子和**被收养的人**才能按照《圣经》的教导被称为上帝"（加粗的楷体字为作者所加）。同上，4.28.4 (ANF, 1:552)："我们责怪上帝，因为我们并未从起初被造成神，起初只被造成人，最后才成为神。"另参，3.6.1; 3.20.2; 5. Praef。

调的是，爱任纽并未随波逐流，人云亦云，他的神学不是依靠否定受造物人类的全部价值来高举上帝。相反，爱任纽似乎相信，他越是推崇人的价值，便越是高举他们的造物主。有罪的生命与新的创造存在一个巨大差异：有罪的生命是被束缚的生命，不允许我们充分成长，而新的创造是不断成长的生命，我们的潜能会不断得以实现。

上帝的计划不仅包括灵性受造物，还涉及物质性的受造物。爱任纽相信，一个属世的国度将作为救恩过程的一环而存在，"它是不朽的开端，有资格的人会通过这个国度而逐渐习惯于分享神性。"[54] 这种训练的一部分在于逆转现行的权力秩序，"在创造中甘于服务的……他们应当统治……因此，受造物在恢复原始状态之后将无拘无束地接受义人的统治。这是非常合适的。"[55] 这些看法通常被称为"前千禧年论"（Chiliasm），盛行于小亚细亚的众多基督徒中，其中最著名的是《启示录》的作者和希拉波利斯的主教帕皮亚斯。帕皮亚斯声称，主耶稣应许了一个无比富足的属世国度。[56] 一旦这种看法失宠，爱任纽与持守这种看法的基督徒也就名誉扫地。

不管怎样，爱任纽关于"历史终成完满"的异象——即便这种说法不当——不只像第二类亚历山大神学主张的那样简单地恢复原始状态，甚至也不像较注重律法的第一类神学提出的建立一种静态秩序。爱任纽的异象是一种新实在和一种新秩序，一个"永存的国度"，[57] 在这个国度中，一切受造物都同为至高者上帝的继承人，在自由、公义和与上帝的相交中继续存在与成长。

根据本章的内容，我们又可以增加图表的内容了：

---

[54] 同上，5.32.1. (ANF, 1:561)。
[55] 同上。
[56] 引自爱任纽（*Adv. haer.* 5.33.3）. 参，*History*, 1:82–83。
[57] 同上，2.28.3. (ANF, 1:400)："我们希望从上帝那里得到的越来越多，学到更多，因为上帝是良善，有着无限的丰盛，上帝的国度永无穷尽，上帝的教导永不枯竭。"

三类神学

	第一类	第二类	第三类
三个地区	迦太基	亚历山大	小亚细亚和叙利亚
三位神学家	德尔图良	奥利金	爱任纽
主要旨趣	道德	形而上学	教牧
主要范畴	律法	真理	历史
哲学取向	斯多葛主义	柏拉图主义	无特别取向
先驱	罗马的克雷芒 赫马 《克雷芒二书》	斐洛（查斯丁） 亚历山大的克雷芒	《新约》的许多内容 伊格纳修 波利卡普 狄奥斐卢
上帝	立法者 审判者	不可言说者 超在者	牧者 圣父
受造物	完全的	起初是灵性的 两次受造	已经开始
罪	违反律法	不默想独一的上帝	预期的悖逆
原罪	遗传而来	个人的	一人犯罪人人犯罪（一体的）
人的困境	道德的债	疏忽、混乱	屈从恶
基督的工作	赎罪 赦罪 新律法	榜样 教导 光照	胜利 拯救 开创未来
圣礼	洁净 功德	提醒 象征	嫁接 滋养
终极完满	律法与秩序的国度	默想上帝 回归	自由与成长的国度

第四章 《圣经》的运用

从本质上讲，基督教思想史是基督教的圣经解释史。因此，考查我们的三类神学对《圣经》的运用于我们大有神益。我们不应当忘记，本书正在研究的神学家生活在《新约》正典正在形成的时代。爱任纽主张把《约翰福音》纳入正典，而且他的论证很有说服力；这说明第四福音书的权威当时仍有争议；但是，我们必须指出爱任纽是在驳斥异端，不是驳斥拒绝接受这部独特福音书的正统基督徒。[1] 本书正在研究的基督教作家都面对着诺斯替派和其他派系，他们都推出自己的成文福音书，有时还声称他们的福音书是某位使徒所写。

同一时期，《希伯来圣经》——即《旧约》——的权威也受到质疑，因为许多异端声称，《希伯来圣经》是一位劣等神祇的著作，代表邪恶的准则。因此，本书正在研究的神学家都需要找到方法来证明这些经卷与基督教信仰的关系。

第一类神学：**德尔图良**处理《圣经》的基本态度是，一名律师在研读一部法律文本。他的《反驳异端的法规》便一个很好的例子。他关注

---

[1] *Adv. haer.* 3.11.8.

当时广为流传的诸多学说。有些声称，这个世界不是上帝的创造，而是某种劣等的或邪恶的力量所造。还有些认为，既然肉体属于恶的力量，耶稣不可能成为肉身，那么，耶稣的肉体是某种属天的实质或一种神奇的幻影。据说这些理论基于某位使徒的秘传教导。有的异端接受巫术和占星术的传说。大多数异端把这些学说以他们自己独特的方式整合在一起。

三类神学都以各自的方式驳斥当时的这些异端教导。在《反驳异端的法规》中，德尔图良运用我们在第一章提到的法律论证。德尔图良提出，在同异端讨论如何解释《圣经》之前，我们必须先提出一个问题：异端是否有权根据《圣经》进行论证。[2] 在这个问题上，德尔图良好像一名希望打赢官司的律师那样论证，指出对手的案件不具备合理的法律基础，或法庭根本没有司法审判权。如果律师能够合理证明对手根本无权诉诸于某项法律，法庭便可以终止案件的审理。同样，德尔图良声称，异端不能使用《圣经》；对于德尔图良来说，《圣经》从本质上讲是一部法律文本。教会已经使用《圣经》很多年，从未有人质疑过教会对《圣经》的所有权。此外，《圣经》的一部分内容由教会所写，所以《圣经》属于教会。因此，异端根本无权使用《圣经》，教会绝对不必同异端讨论如何正确解释某段经文。[3]

在上面这个例子中，以及在德尔图良的全部神学作品中，德尔图良都以律师的方法来处理《圣经》。实际上，他对《圣经》的独特称呼是"法律文本"（instrument），[4] 而这一术语在拉丁文和英文中具有相同的法律含意，都指"一份法律文件（如契据、遗嘱、债券、租约、合约、抵押、票据、代理人的权利、承运人票据、提货单、保险单、担保、令

---

[2] "应当认清《圣经》的所有权，凡是没有被赋予这项特权的人都应当被禁止使用《圣经》。" *Praes.* 1.5. (*ANF*, 3:250).

[3] 事实上，德尔图良的论证完全且有意识地基于罗马法的"长期取得时效"（*Praescriptio longe tempore*）。根据这一原则，在一定时间内毫无争议地拥有一份财产或一项权利相当于认可了这份财产或这项权利。参 D. Michaelides, Foi, Écriture et tradition: Les Praescriptiones chez Tertullian (Paris: Editions Aubier-Montague, 1969), pp. 128–131.

[4] 参 J. E. L. Van Der Geest, *Le Christ et l'Ancien Testament chez Tertullien: Recherche terminologique* (Nijmegen: Dekker & Ven de Vegt, 1972), pp. 16–24。

状），它们证明法定权利或法定义务，特别是一方对另一方的。"⁵ 从这个角度来看，德尔图良可以把《旧约》称为"摩西的律法"，把《新约》称为"福音的律法"。⁶

这便意味着，我们应当采用解释法律文本的方法来解释《圣经》。我已经指出，德尔图良的神学著作及其论证通常采用律师惯用的修辞方法。这些方法一旦在法庭辩论中使用，便要求解释者忠于文本的字义。虽然寓意解释法在论述中可被作为花饰，但论证本身必须基于法律的实际内容。

德尔图良采用这些方法的目的是要在《圣经》中寻找两样东西。首先，他寻找所有可以体现上帝对人类的要求与期望的律法和诫命；其次，他寻找可以证实他对律法的解释的预言。

至于预言，这种解经法并非德尔图良首创，因为这种方法在希伯来与基督教传统中根深蒂固。但是，就重要性和意义而言，预言在德尔图良的著作中的地位十分特殊。预言是如此重要，德尔图良往往把《旧约》——除了律法——归纳为对《新约》的预言；在《新约》中，他首先看到一系列关于一个新律法的预言，新律法甚至将取代福音。⁷ 德尔图良常常把先知的功能局限于预言未来，却忽视了《圣经》中的"先知"是以上帝之名说话的人，预言未来只是这一职能附带的要素。

德尔图良的大多数著作是论辩性的，牢记这一点有助于我们理解德尔图良对《旧约》中预言的运用。为了向犹太人证明耶稣便是他们盼望已久的弥赛亚，德尔图良自然会提到关于弥赛亚的古老预言——正如之前的查斯丁、《新约》的作者、或许还有更早的人做过的那样。另一方面，当马西昂声称《旧约》的上帝与耶稣的圣父毫无关系时，关于预言的论证不是证明耶稣是弥赛亚，而是证明《旧约》就是同样这位差遣了耶稣的上帝的话。⁸

---

⁵ *Webster's Third International Dictionary.*
⁶ 德尔图良还用其他具有法律含义的概念来命名《圣经》：遗嘱（*testamentum*）、法（*lex*）和文书（*literae*）参 Van Der Geest, *Le Christ*, pp. 24–39。
⁷ 同上，pp. 99–131。
⁸ 关于这一点，我们或许应该指出的重要一点是，德尔图良和大多数初期基督教作家都诉诸于预言，这主要是为了证明耶稣与《希伯来圣经》的信仰和宗教之间的延续性，而不是像当今人们通常所做的那样，为了证明耶稣的神性。

同样，《新约》的许多内容明确提到未来。末世是《新约》的核心内容。但是，德尔图良往往把有关末世的经文解释成：他所谓的"福音的律法"将会过去，在未来——即德尔图良所在的时代——将开始一个新时代，将有更好的律法，那不再是福音的律法，而是圣灵的律法。正是对《新约》的这种理解导致曾经驳斥各种异端、捍卫正统信仰的德尔图良离开主流教会，成为孟他努派。导致德尔图良接受孟他努主义的原因是他把《圣经》解释为一部法律文本，我们可以从中寻找一段或一节经文能够用在各种情况下。

另一方面，德尔图良在《圣经》中不仅看到预言，还有律法。他的神学基本主题是道德性的。他的主要问题是上帝对我们的要求是什么？既然《圣经》是上帝的道，即上帝的话，而上帝首先是一位立法者，那么，《圣经》一定首先是律法。不出所料，德尔图良找到了这一看法的依据，即《旧约》中明显具有律法性的经文。但是，德尔图良在处理《旧约》的历史书时，他的这种解释陷入困境，他也因此较少使用历史书。[9]

至于《新约》，德尔图良把福音称为"基督的律法"。在德尔图良看来，耶稣的降生已经废除旧律法；这不是因为耶稣成就了旧律法或我们处于恩典之下，而是因为我们处于一个更严格的新律法之下。摩西律法是将来律法的"象征"或"预兆"，[10] 所以才被取而代之。从本质上讲，上帝赐给基督徒的新律法和旧律法本质上一样，只是更加严格。德尔图良就是这样来解释耶稣在登山宝训（Sermon on the Mount）中所说的"只是我告诉你们"。[11]

---

[9] 通过浏览德尔图良在《驳马西昂》（*Against Marcion*）中对《列王记》和《历代志》的运用，可以看出德尔图良偶尔会提到《旧约》的历史书，他主要提到的是以利亚和以利沙的事迹。德尔图良主要把他们用作道德隐喻，先知的行为被当作当时的行为楷模。德尔图良的某些用法会让我们想到我们后面将讨论的第三类神学的预表解经法（例如，*Adv. Marc.* 4.24）。*Adv. Jud.* 13 中明确使用过预表解经法，但 *Adv. Jud.* 可能不是德尔图良的著作。

[10] *Figura* 是拉丁文，是德尔图良对希腊文的"typos"的翻译，因此，*Figura* 频繁出现在德尔图良使用预表解经法的著作中，而预表解经法是德尔图良从之前的查斯丁和爱任纽等基督教作家那里学到的。爱任纽和德尔图良都认为，只有"象征"和"预表"所指的事物变成现实，"象征"和"预表"才能被理解为"象征"和"预表"。但是，爱任纽不会把这解释为我们现在处于新的律法之下。

[11] 例如，德尔图良在 *Adv. Marc.* 4.34 中对离婚的律法的讨论。

这一切最终的结果是对《圣经》进行死板的、拘泥于字句的、道德化的解释。这肯定不是德尔图良神学的全貌，因为在他的著作中有对《圣经》更深刻、更灵活的解读。对于这一点，读者最好不要忘记本书所讨论的三类神学不是其主要倡导者的整个神学体系。即便如此，我们还要必须强调的是，第一类神学认为《圣经》具有双重作用：第一，《圣经》是基督教正统信仰的依据（这是预言的主要功用）；第二，《圣经》是一部引导我们讨上帝喜悦、进入天国的行动指南。

第二类神学：奥利金 处理《圣经》的方法则完全不同。[12] 我们已经在第一章讲过，虽然奥利金确实在《圣经》中找到行为准则，但他首先寻求的是永恒真理。永恒真理决不取决于在短暂的时间里发生的事，而是一定先于所有事件，因此，奥利金在《圣经》中寻求一种参透暂时存在的事物而达至永恒的方法。[13] 奥利金想要超越《圣经》对历史事件的记载而找到隐藏在经文背后的终极意义。

奥利金认为，经文至少有两层含义：字面意义和属灵意义。有时，他着迷于一段经文，详细解释经文隐藏在各个层面的多重含义。但是，我们完全可以说任何一段经文通常至少包含一层字意和更深一层的灵意。我们不应当否定经文的字意，除非经文可能暗示某些与上帝不相称的意义，如上帝吹着微风在园中漫步。即便如此，经文的字意仍是较低一级的意义，主要为了无知的人或智力不高的人。[14] 奥利金指责仍停留在经文字意层面的人具有犹太化倾向，声称犹太人之所以不愿接受福音，

---

[12] 两部杰出的研究著作：Richard P. Hanson, *Allegory and Events: A Study of the Source sand Significance of Origen's Interpretation of Scripture* (London: SCM, 1959); H. de Lubac, *Histoire et Esprit: L'intelligence de l'Ecriture d'après Origène* (Paris: Aubier, 1950)。近年来一部内容更简洁的著作是：Jack B. Rogers 和 Donald K. McKim, *The Authority and Interpretation of the Bible* (San Francisco: Harper & Row, 1979), pp. 11–16。

[13] 参 *De princ.* 4.1.11。

[14] 但是，我们一定不要低估字义的价值，因为许多人不能或还没有准备好寻求更高的意义，对于他们来说，更复杂的论述毫无价值。"因为我们的先知、耶稣本人和他的门徒非常小心所采用的叙述方法，它们不仅要传递真理，还应当适合大众，使每一个被吸引、被引导的人都能尽他们所能地升华能理解那些非常简单的字句所隐含的奥秘。" *Adv. Cel.* 6.2. (*ANF*, 4:573).

正是因为他们在解释他们自己的《圣经》时拘泥于经文的字意。[15]

灵意在字意之上，灵意为智慧的基督徒开拓了广阔的视野。尽管我们必须否定某些经文的字意，但所有经文确实都有灵意。智慧的基督徒正是在灵意中发现了更超越的真理，而普通信徒就难以发现。这恰恰是因为普通信徒仍停留在经文字意的层面上。

我们如何发现经文的灵意？奥利金从未清楚道明。[16] 在解释《圣经》时，奥利金似乎经常采用某些当代异教徒用来解释古典希腊文学的方法。地中海世界的宗教观和哲学观自荷马（Homer）以来有了很大发展，因此，许多人不愿从字意上接受荷马和其他哲学家对神祇及相关主题的论述。为了回应这种反对意见，同时不贬低古典文学的价值，有些人求助于寓意解释法。[17] 因此，奥利金采用同一种方法来解释《圣经》：《圣经》应当用寓意解释法来解释，这样便可以证明《圣经》同最优秀的哲学并不矛盾。这并非一个全新的起点，因为亚历山大以前的犹太人斐洛和基督徒克雷芒早已开始用寓意解释法来解释《圣经》。[18]

寓意解释法想要发现文本的象征意义。象征意义不仅在整部文本中找到，并且还在整部文本的每一个部分。例如，说到上帝下令铲除敌人、义人因铲除敌人而欢喜的经文，其实是在说必须铲除灵魂的恶习：

> 如果我现在必须解释义人如何"杀死他的仇敌"，且处处获胜，我们就应当注意到当他说"我每日早晨要灭绝地上

---

[15] *De princ.* 4.1.8.
[16] 在《约翰福音注释》（*Commentary on John*）中的一处，奥利金暗示寓意解经法是有规则的。汉森对此作了公正的评论："事实上，在奥利金对隐喻的使用中无法推论出这些规则。奥利金的使用打破了所有规则，是无法分类的隐喻。" *Allegory and Events*, p. 245.
[17] 关于这一主题的简短讨论和具体例子，参 R. M. Grant, *The Earliest Lives of Jesus* (London: SPCK, 1961), pp. 45–46。奥利金本人便批评过他的异教对手：他们接受采用寓意解释法来解释他们自己的文学，却不接受采用寓意解释法来解释《圣经》。"那么，如果他们研究希腊人的神谱和十二位神祇的故事，把寓意赋予故事，让神祇显得尊贵；但是，一旦他们想藐视我们的圣经故事，便会宣称圣经故事是为了婴孩愚蠢编造的无稽之谈。" *Contra Cel.* 4.44 (ANF, 4:516).
[18] 关于斐洛和克雷芒在释经方面的联系，参 C. Mondésert, *Clement d'Alexandrie: Introduction à l'étude de sa pensée religieuse à partir de l'Ecriture* (Paris: Aubier, 1944), pp. 163–83。

所有的恶人,把作恶的从耶和华的城里全都剪除"时,他所说的"地"是指其情欲与上帝为敌的肉体;"耶和华的城"是指他自己的灵魂,其中是上帝的圣殿,包含关于上帝真实的理念与概念,让所有仰望它的人都赞美它。因此,一旦公义的太阳的光芒照进他的灵魂,感觉受其影响而孔武有力,他便开始消灭肉体的所有情欲,即所谓的"地上所有的恶人",将所有作恶的思想、反对真理的提议全都赶出耶和华的城,即他的灵魂。这样,义人致力于消灭他们所有的仇敌,即他们的恶习,以至他们甚至不会放过儿童,即恶的初期开端与驱使。我们也可以这样理解《诗篇》第137篇:"将要被灭的巴比伦哪,用你待我们的恶行报复你的,那人有福了。抓起你的婴孩摔在磐石上的,那人有福了。"巴比伦的"婴孩"(表示混乱)是源自灵魂中恼人的罪恶思想;他通过击打征服他们,其实是用坚实有力的理性与真理击打他们的头;他才是"抓起你的婴孩摔在磐石上的"那个人;因此,他是真正蒙福的人。那么,上帝可以命令人彻底消灭自己的全部恶习,甚至是在他出生的时候,尽管上帝那时还未开始禁止任何违背基督的教导的事。[19]

　　这样使用《圣经》符合我们前文所讲的奥利金的基本旨趣。在奥利金看来,重要的是发现隐藏在经文象征意义中的永恒真理。虽然奥利金可能不熟悉德尔图良的著作,但我们可以根据奥利金在类似情况下的论述推测,他会像指责犹太人那样批评迦太基的神学家德尔图良,即德尔图良在解经时拘泥于字意;奥利金会觉得德尔图良缺乏真基督教哲学家的灵性深度。德尔图良可能会回答:奥利金想要在经文中发现的灵意太像哲学家的言论;如果的确如此,《圣经》完全是多余的。

　　这正是寓意解经法的弱点:是解释者来决定应当在《圣经》中找出什么样的象征意义,所以也是解释者通过挑选象征意义来决定《圣经》

---

[19] *Contra Cel.* 7.22. (*ANF*, 4:619–20).

都说了什么。寓意解经法的极端是把经文变成一面反映解释者自身形像的镜子。正是因为如此，作为柏拉图派哲学家的奥利金很容易在《圣经》中找到柏拉图主义者的信息。正如汉森（Hanson）所说："原始文字与比喻的关系只取决于寓意解经家武断的决定。"[20]

第三类神学：**爱任纽**处理《圣经》的方法同德尔图良或奥利金完全不同。爱任纽的根本异象是上帝为牧者，在历史中带领自己的子民。

> 同样出于慷慨，上帝起初造了人；但为了拯救他们，上帝拣选列祖，提前预备一个民族，教导顽固的人跟随上帝；上帝又在地上兴起先知，使人适应（在自己里面）有上帝的灵，与上帝相通；事实上，上帝自己一无所缺，却把"与上帝相通"赐给需要的人，上帝为了自己所悦纳的人**像建筑师一样描绘出一幅救恩的蓝图**。上帝亲自引导未在埃及看见他的人，而对于在旷野中任意妄为的人，上帝颁布非常适合（他们情况）的律法。然后，上帝把尊贵的遗产赐给进入美地的人；上帝为归信圣父的人宰杀肥牛，赐给他们精美的袍子。因此，**上帝用各种方式矫正人类，使人类与他的救恩相称**。[21]

因此，我们必须重视《圣经》的记载。《圣经》的记载见证上帝的工作，而上帝的永恒目的在历史中彰显。如果《圣经》只是一种寓言，其中便没有上帝的工作与对此的见证。《圣经》没有抛开我们的历史处境或上帝在历史中的启示提出一系列永恒真理，《圣经》向我们教导爱任纽所说的上帝的经世行动（*oikonomia*），[22] 即上帝与人类的关系史。[23]

---

[20] *Allegory and Events*, p. 248，另一方面，汉森也承认（第371页），奥利金的柏拉图主义没有让他过于偏离基督教正统神学。奥利金坚守耶稣具有终极意义和肉身复活等教义，尽管这些教义不符合奥利金的柏拉图主义前设。在《论第一原理》（*De principiis*）的序言中，{鲁菲纳斯（Rufunus）翻译本书时可能有所篡改}，奥利金概述了教会的教导，区分了不容质疑的教义与教会传统允许继续探讨的教义。"惟有那完全符合教会和使徒的传统，当被接受为真理，。"（ANF, 4: 239）。

[21] *Adv. Haer.* 4.14.2. (ANF, 1:479). 着重号为作者所加。

[22] 参 A. Benoit, *Saint Irenée: Introduction à l'étude de sa théologie* (Paris: Presses Universitaires de France, 1960), pp. 219–227；Rowan A. Greer, in James L. Kugel and Rowan A. Greer, *Early Biblical Interpretation* (Philadelphia: Westminster, 1986), pp. 165–168。

[23] 这可以在爱任纽的《使徒宣道论证》的结构中明确看出。《使徒宣道论证》

因此，《圣经》的记载不仅具有发展性，还具有连贯性。如果没有发展性，历史只是柏拉图传统所说的影子。如果没有连贯性，没有清晰可辩的模式，历史便毫无意义。在圣子对人类的服侍中，爱任纽看到发展性、连贯性和历史的的具体性结合在一起：

> （圣子）确也向人类彰显先知的异象、多样的恩赐、他自己的服侍和圣父的荣耀，**在固定的秩序与联系中，以固定的时间，为了（人类）的益处。因为哪里有固定的延续性，哪里就有固定性；哪里有固定性，哪里就有与时代的适应性；哪里有适应性，哪里就有实用性。**[24]

在这一历史中，尽管人类犯罪，上帝的子民许多时候都非常悖逆，但上帝仍在带领他们走向历史最终的完满。因此，《圣经》的记载具有发展性，我们应当从历史的角度解释《圣经》。

这至少说明三点：第一，我们应当相信《圣经》所讲述的事件是真实的，不要一旦它们不符合某种哲学体系，便试图将其解释为寓言；第二，对于寓言性的经文，即爱任纽所谓的比喻，我们应该根据含义清楚的经文加以解释，而不是根据寓言性的经文来解释含义清楚的经文。[25] 第三，我们应当把《圣经》中的历史事件理解为上帝的经世作为的全部历史的一部分，因此，尽管它们是真实的历史事件，却仍有一种超越自身的意义。前两点是爱任纽与奥利金在释经上的差别。第三点排除了德尔图良在释经上的律法主义，以及静态的字义主义。

这种解经法通常被称为预表法，因为在《圣经》所讲述的事件中，

的大纲——特别是该书的前几章——是按照上帝与人类的关系史编排的。这也是这部研究爱任纽神学的专著的价值之一：Gustav Wingren's *Man and the Incarnation: A Study in the Biblical Theology of Irenaeus* (Philadelphia: Muhlenberg, 1959), 该书在解释爱任纽的神学时采用了相同结构。

[24] *Adv. haer.* 2.20.7 (ANF, 1:489), 这段引文其余内容的思路相同，宣称圣子"已经通过许多时代向人启示出上帝"，这是"使人预先得到操练，以便人能进入后来将在那些爱上帝的人身上启示出的荣耀中。"

[25] *Adv. haer.* 2.27.2 (ANF, 1:398), 爱任纽抱怨异端"他们每一个人都幻想借助对比喻进行晦涩难懂的解释，他们已找到他们自己的上帝"；爱任纽继续认为(*Adv. haer.* 2.28.3; ANF, 1:400)，"比喻不该与意思十分明了的文字矛盾；这些文字的意义清楚明了，应当用以解释比喻。"

我们应当看到未来事件的"预表"（type）或"象征"（figure），特别是关于耶稣基督、教会和历史最终完满的预表。

这种预表解经法并非爱任纽首创。相反，预表解经法的根源可以追溯到《新约》。[26] 在爱任纽时代的数十年之前，殉道士查斯丁声称，上帝在《希伯来圣经》中通过"话语"（logoi）和"预表"或"象征"（typoi）说话。[27] 查斯丁进一步解释说：两者的区别在于"话语"相当于现在通常所说的"预言"（prophecies），即预言未来的话语；另一方面，"预表"是事件或物质性的实在，它本身便指向了未来的事件。

对于查斯丁的这种看法，即《圣经》以两种方式说话，爱任纽是赞同的。实际上，爱任纽的《使徒宣道论证》（The Demonstration of the Apostolic Preaching）一书的布局便支持这种看法。《使徒宣道论证》的第一部分进行了大量的预表解经，以证明《旧约》表明《新约》；第二部分是一系列基于预言的论证。以下引文便是指预表，即某些让人明白上帝应许的事件："然而，不仅可以通过所看见的异象、所宣讲的话语，先知还可以借助实际行动得见上帝，目的是上帝借着先知提前预示、展现未来的事。"[28]

换句话说，全部历史都掌管在上帝手中，上帝正在引导事件向着必然的目标前进，因此，历史上有某些主题或行为方式一再出现，却从未完全相同。这便是上述引文中"延续性"与"固定性"的意思。历史不是纯粹的重复，好像车轮绕着车轴永无休止地转动；历史也不是一系列反复无常、毫不相关的意外事件。随着历史滚滚向前，历史中既会出现新事，历史也具有延续性，某些主题会一再出现，虽然主题不会一成不

---

[26] 这种例子太多了，我们不可能在此一一引用。例如，《哥林多前书》10 章 1 至 4 节。《加拉太书》4 章 24 节有一个语义学上的问题：保罗所说的"比方"（allegory）便是我们现在所说的预表法。此外，在《新约》使用预言的经文中，我们也可以看出预表法的这种用法。"预表"不只具有预测未来意义上的"预言性"。例如，《马太福音》2 章 15 节宣称，逃往埃及"是为了应验主借着先知所说的话：'我从埃及召我的儿子出来。'"这种"预言性"的解释意味着马太相信《何西阿书》11 章 1 节只是预言耶稣的逃亡吗？或者说这种解释是预表性的，因为《出埃及记》4 章 22 节和《何西阿书》所发生的事只是一种将在耶稣身上完满（"应验"）的模式吗？

[27] *Dial.* 114.1. 参 *History*, 1:105–106, 特别是 n. 48。

[28] *Adv. haer.* 4.20.12 (ANF, 1:492), 参 *Adv. haer.* 4.14.3; 4.19.1。

变,却始终指向它们最终的完满。因此,爱任纽的预表释经法并不否定历史事件的具体性与独特性,也不想把历史事件转化为永恒真理。[29] 预表释经法的主要特征是某个主题可以一次次出现,因为人类历史是一个单个的历史。与此同时,这一主题始终在变化,因为历史在前进,上帝的计划正在实现。不管怎样,我们应当从预表的角度来理解以色列的历史——或许还应当从预表的角度来理解全人类的历史,尽管爱任纽对这个问题没有明确论述。

> 因此,上帝还命令(犹太)百姓支搭圣幕,建造圣殿,又拣选利未人,规定献祭、祭物、律法的训诫,以及其他所有律法的崇拜。实际上,上帝自己完全不想要(需要)这些,因为上帝总是满有一切美善,在他里面充满所有美善的气息,甚至在摩西之前,他就充满这一切美好的馨香之气。此外,上帝教导那些容易转向偶像的百姓,不断呼吁他们坚忍,服侍上帝,借着次要的事呼召他们追求最重要的事;也就是说,借着预表(意思是作为"预表"),呼召他们追求真实的事……正如保罗所说:"所喝的是出于跟随着他们的灵磐石;那磐石就是基督。"此外,在谈到律法所包含的内容之后,保罗接着说:"这些事发生在他们身上,要作为鉴戒(希腊原文是'作为预表'),而且写下来正是要警戒我们这末世的人。"因为借着预表,他们学会敬畏上帝,继续奉献自己事奉上帝。[30]

这段引文显然不只是一种处理与解释《圣经》的方法,还是对人类历史一个总的理解。爱任纽所提出的不是奥利金那一套哲学性教义体系,也不是德尔图良那一系列道德规条和原则;爱任纽提出了一套根据《圣经》启示的、关于世界与历史的完整异象。

然而,我们需要再次提醒读者,在此所介绍的只是一个概括性大纲,

---

[29] 劳森(John Lawson)没有认识到寓意解经法与预表解经法的根本差异,这让他错误地认为,爱任纽把《圣经》过于寓意化。*The Biblical Theology of Saint Irenaeus* (London: Epworth, 1948), p.83.

[30] *Adv. haer.* 4.14.3 (ANF, 1:479).

以说明我们正在研究的每一类神学处理《圣经》的独特方法。我们应该不难发现，我们所列举的每一位神学家都可能按照我们归类为另一类神学的原则来解释《圣经》。特别是如果第三类神学的确比另两类神学更早，我们自然可以发现德尔图良、克雷芒或奥利金同样采用预表解经法。[31] 此外，德尔图良和爱任纽有时确有使用寓意解经法，只是他们用的更少。[32] 虽然我们正在研究的神学家之间存在诸多差异，但他们仍属同一个教会，并没有把彼此视为异端。

我们现在可以完成我们的图表了。

三类神学

	第一类	第二类	第三类
三个地区	迦太基	亚历山大	小亚细亚和叙利亚
三位神学家	德尔图良	奥利金	爱任纽
主要旨趣	道德	形而上学	教牧
主要范畴	律法	真理	历史
哲学取向	斯多葛主义	柏拉图主义	无特别取向
先驱	罗马的克雷芒	斐洛（查斯丁）	《新约》的许多内容
	赫马	亚历山大的克雷芒	伊格纳修
	《克雷芒二书》		波利卡普
			狄奥斐卢斯
上帝	立法者	不可言说者	牧者
	审判者	超在者	圣父
受造物	完全的	起初是灵性的	已经开始
		两次受造	
罪	违反律法	不默想独一的上帝	预期的悖逆
原罪	遗传而来	个人的	一人犯罪人人犯罪（一体的）
人的困境	道德的债	疏忽、混乱	屈从恶

---

[31] 正如汉森所说，"认为奥利金在解经中放弃了基督教传统的预表解经法完全是错误的。" *Allegory and Events*, p. 253. 他例举出大量例子。

[32] 例如，*Adv. haer.* 5.8.4。

基督的工作	赎罪	榜样	胜利
	赦罪	教导	拯救
	新律法	光照	开创未来
圣礼	洁净	提醒	嫁接
	功德	象征	滋养
终极完满	律法与秩序的国度	默想上帝	自由与成长的国度
		回归	
解经	道德规范	寓意法	预表法
	预言法		预言法

第五章 视角

目前为止，我们一直在阐释、比较公元2世纪后半叶的三类神学。读者可能会发现第一类神学是最熟悉的，因为在许多要点上，第一类神学都符合我们所熟知的传统的基督教正统信仰。我们或许不太熟悉第二类神学，特别是其大胆的奇思妙想，如灵魂是先存的。大体而言，读者可能已经发现，第二类神学与近两百年的神学院和大学所教授的各种更为"自由"的神学体系具有某些关联点。第三类神学可能是当代西方读者最陌生的。因此，我们需要指出的重要一点是：初期教会还有第三类神学，我们应当阐释它的某些神学要旨。

然而，如果我们只是阐释、比较三类神学，便是一种十分传统的神学研究方法，这种方法源于在学术圈中盛行的第二类神学。这种方法的核心在于研究各种思想，却不考虑思想的社会政治背景和隐匿于其后的动机。这一点已受到了严厉却合理的批评。这种方法忽略了一个事实，即有意识的或隐匿的社会与经济议题已经影响到神学论述。这一富有洞见的批评已经得到现代心理学与社会学的进一步证实。

为了在我们的研究中体现这一洞见，我们一定不能只是阐释、比较三类神学。我们还必须研究促成各类神学的社会与经济议题——尽管其主要倡导者可能并没有意识到这些。那么，我们应该能够理解为什么第三类神学被放弃，而第一类神学和第二类神学深受喜爱；为什么第一类神学在我们当代许多基督徒中占据主导，而第二类神学在神学院或大学中大行其道。

这令我们的研究明显更为困难。我们对公元 2 世纪基督徒的社会与经济环境知之甚少，一方面因为现存的文献没能提供充足的信息，另一方面因为学者通常不会对文献提出社会与经济方面的问题。[1] 已知的少量信息不足以让我们明确区分各个地区之间可能存在的不同社会议题。此外，我们的资料都是残篇，难以提供可靠的统计数据，因此，我们永远不能确定某份资料所反映的情况是否属于特殊情况。因此，我们无法依赖社会学的研究与概述，像我们可以通过社会学来研究基要主义和社会福音在美国的兴起。

幸运的是，我们可以另辟蹊径。我们可以研究教会初期的三类神学，思考它们服务于哪一种社会议题。神学是在基督徒社群中形成的，我们甚至可以把某一社会议题的某些侧重点同我们已知的基督徒社群中某一群体的处境联系起来。尽管我们不能声称自己的资料足以描述教会初期某一地区的绝大多数基督徒的处境或社会目标，但是，我们肯定可以试着发现某一类神学如何服务于某一社会议题，不论是某一类神学成形于其中的基督徒社群的社会议题，还是后来接受这类神学的基督徒社群的社会议题。

因此，我们不能声称奥利金的神学反映出或服务于亚历山大总体基

---

[1] 近年来，已经有许多学者在努力填补历史研究中的这项空白。The Society of Biblical Literature 和 The American Academy of Religion 已经成立一个研究机构，名为 Working Group On the Social World of Early Christianity. 该研究机构已经在这方面做了相当多的工作。参 W. A. Meeks, *The First Urban Christians: The Social World of the Apostle Paul* (New Haven: Yale University Press, 1983)，书后还附有参考书目。更通俗的、试图概括大多数相关发现的著作是 J. E. Stambaugh and D. L. Balch, *The New Testament in Its Social Environment* (Philadelphia: Westminster, 1986)。不管怎样，我们的难题仍是缺乏材料，正如麦克穆伦（Ramsay MacMullen）所说，"我们几乎只能通过面对上层社会读者的那几页纸来了解新约时代以后的基督教。" *Christianity the Roman Empire: A.D.100–400* (New Haven: Yale University Press, 1984)。麦克穆伦后面的话备受争议："他们更愿意与比自己低的人保持相当远的距离。"

督徒社群的社会议题。我们缺乏对亚历山大教会的足够认识，而我们已有的认识通常是对立的。但是，我们可以论证奥利金的神学服务于他所归属的基督徒社群的社会议题。那么，我们能够试着证明类似的神学后来是如何在具有相似社会议题的地区和处境中出现。

为了阐释得清楚，我们不会按照正常顺序；我们先来阐释第二类神学，而不是第一类神学。

第二类神学：亚历山大的基督徒社群可能包括处境极为多样的信徒。我们并不清楚异教徒塞尔索（Celsus）是否在亚历山大写作；奥利金驳斥塞尔索的《真道》（*True Word*），但他只知道塞尔索的名字和著作。不管怎样，奥利金并没有驳斥塞尔索对基督徒的社会地位所进行的描述：

> 事实上，我们在私人家中看到羊毛工、皮革工、漂洗工，以及最没教养、最粗俗的人。在长辈和智慧的主人面前，他们不敢说一句话。但是，一旦他们私下里揪住孩子和同他们一样无知的妇女，便滔滔不绝，开始奇谈怪论，大意是孩子和妇女不该理会自己的父亲和老师，反倒是应当听从他们；父亲和老师愚蠢无知，既不知道，也不能做任何真正的好事，只迷恋空洞的琐事；只有他们知道人该如何生活，如果孩子听从他们，不但孩子自己快乐，也能使他们的家人幸福。虽然他们这样说，但如果他们看见来了一位年轻的教师，或一个更聪明的人，甚至是他们的父亲，他们当中的胆小鬼就会害怕，而更鲁莽的人会鼓动孩子挣脱枷锁，当着孩子的父亲和老师面窃窃地说，他们不会，也不能向孩子解释任何美善的事……他们必须离开父亲和教师，跟妇女和玩伴一起去妇女的住处，或到皮革店，或去漂洗店，他们这样才能达到完美。他们用这些话说服了孩子。[2]

奥利金只是说塞尔索的话是"毁谤"，他并不想证明塞尔索是错的；

---

[2] *Contra Cel.* 3.55 (*ANF*, 4:486).

这一事实似乎说明塞尔索的描述可能至少在一定程度上是对亚历山大基督教会某些信徒的真实写照。不管真假，不可否认的是，奥利金不以基督教卑微的社会地位为荣。奥利金绝不是塔提安，他不会夸耀自己"哲学"的"野蛮性"。[3] 相反，奥利金的神学工作的全部动力在于证明基督教同希腊人和希腊哲学"最优秀的东西"一点都不矛盾。塞尔索对"厨房布道"（kitchen evangelism）的描述肯定触及了奥利金的痛处，特别是塞尔索的某些描述还是事实。奥利金的回应是继续撰写《驳塞尔索》（Against Celsus）。正是这部专著的存在有力证明了并非基督教所有的教师都是无知的羊毛工和皮革工。

塞尔索写了《真道》，而奥利金写了《驳塞尔索》；促成二部作品的冲突在亚历山大并不是新鲜事。事实上，早在基督教传入亚历山大之前，便有人指责犹太人是无知的野蛮人，追随一种极度缺乏哲理的生活之道。斐罗和其他犹太学者曾努力回应这种指控，而现在的克雷芒和奥利金代表基督教开始了类似工作。

这项事业本身就表明一种特定的矛盾。斐罗的工作说明，尽管他希望忠于祖辈的宗教，却非常在意当时的异教徒同行如何看待他的宗教。对于让他们改信犹太教，斐罗不是特别感兴趣；但是，斐罗想向自己和他们证明他的宗教是有意义的，同柏拉图传统中"最优秀的东西"并不矛盾。

经常有学者指出这项事业在理智上的难题，我们无需在此赘述。对于柏拉图传统和犹太教之间的鸿沟，人们显然无法在同时忠于二者的情况下轻易跨越。

然而，我们必须详叙这项事业在社会政治方面的难题。事实上，整个柏拉图传统散发着一股贵族气息，而人们早已认识到这一点。从这个角度来看，哲学是幸运且优秀的灵魂的职业，他们并未沉迷于默想物质性事物。这种灵魂通常住在无需忧虑自身生计的肉体中，因为肉体总能得到供养。按照这种传统，由这些少数的幸运儿来治理社会是最理想的，因为只顾谋生的"多数人"其实不知道什么有益于他们和社会。

《希伯来圣经》同这种看法截然相反。《希伯来圣经》说上帝偏爱

---

[3] Or. ad Graec. 1.

穷人，偏爱必须为生计而奔波劳累的"多数人"。什么对于社会有益，这是上帝的旨意所决定的，而不是由优秀的哲学家或学者。如果任何"智慧"或"哲学生活"的基础不是履行公义的上帝的旨意，便与《希伯来圣经》相矛盾。因此，要想把柏拉图主义和《希伯来圣经》这二者的智慧强行配在一起，便是冒险把《希伯来圣经》的智慧变成一项只属于少数幸运儿的贵族专利。

我们只有在这一背景下思考斐罗对财富的矛盾态度才极具启发。斐罗和家人都相当富有，以至他的一个兄弟能为耶路撒冷圣殿的九扇门镶金镀银，还借给希律·亚基帕（Herod Agrippa）一笔巨款。[4] 与此同时，斐罗的话流露出对财富的藐视，他借用斯多葛派和犬儒学派的智慧观劝人放弃对物质性事物的欲望。但是，这却没能让斐罗放弃自己的财富或社会地位；事实上，他严厉批评放弃财富或社会地位后依靠慈善救助为生的"哲学家"。斐罗赞扬藐视财富的人；但是，当亚历山大的犹太人的财富惨遭掠夺时，他又怒不可遏。关于斐罗的社会观和经济观，米兰德（D. L. Mealand）的评论可能是最好的：

> 事实上，当斐罗对灵性成长的看法驱使他走向另一方向时，他被从哲学领域拽入公共事务。但更重要的是，斐罗所笃信的宗教，其经典反映弱势群体的观点。斐罗的社会地位暧昧不清。他非常富有，却也认同易受不公对待和时而易受攻击的人。[5]

克雷芒和奥利金等基督徒发现，他们与他们身边的人有着相似处境。虽然亚历山大的大多数基督徒可能仍属于下层阶级，但新信仰正在向相对富裕与有权势的阶层传播。克雷芒写了一部专著：《谁是将要得救的富人？》（*Who Is the Rich to Be Saved?*）。他通过寓意来解释耶稣论财富的话，从而使基督徒可以更容易地保留他们的财富。奥利金的父亲在殉道时拥有可观的财富，以致被当局没收充公，纳入皇室司库。当时，

---

[4] Josephus, *Ant.* 18.6.3.
[5] David L. Mealand, "Philo of Alexandria's Attitude to Riches," *ZntW*, LXIX (1978), p. 264. 文中有丰富的信息和材料我觉得对本书很有帮助。

奥利金在一名富裕的女基督徒家中避难。后来，某个安布罗斯（Ambrose）庇护奥利金，他的财富足够为奥利金聘请几位秘书。因此，虽然亚历山大的基督教会仍在受迫害，理论上被剥夺了各种公民权，但部分教会群体的处境得以改善，他们的处境同斐罗时代的犹太社群非常相似。这便意味着，当时的情况同斐罗时代的情况一样：饱学之士的观点非常重要，至少对同克雷芒和奥利金关系密切的教会非常重要。

> 一个庞大而富有的群体，被一座伟大的大学城所怀抱。它不能长期得不到该地的主要好处。教会最杰出的年轻人去听异教的教授演讲……认识到教会与讲堂的联系在日益加强非常必要，还可能因此获益。[6]

亚历山大的基督教神学正是在这种背景下形成的。克雷芒和奥利金都渴望证明，他们的信仰同周围社会对人类文化最高成就的看法并不矛盾。他们既是基督教的信徒，又是柏拉图主义的拥护者，因此，令他们特别苦恼的是，柏拉图主义者相信基督教在理智上稍逊一筹。或许正是因为这个原因，奥利金才把塞尔索称为伊壁鸠鲁派（Epicurean），难以承认塞尔索是柏拉图主义者，而塞尔索的《真道》却明确证明他是。[7] 亚历山大的神学想要向自己和异教徒证明，有教养的柏拉图主义者根本没有理由鄙视基督教。

这就是护教神学的任务。从本质上讲，第二类神学是护教性的。克雷芒和奥利金的几部重要著作都是写给鄙视基督教的优雅之士，试图证明他们的鄙视源于误解，基督教其实是"真哲学"。严格来讲，即便克雷芒和奥利金的某些著作不是为了护教，但这些著作仍都具有护教性。我们可从这些著作中看出，信仰在努力向自己证明信仰从理智上讲是值得尊敬的。我们可以把这类著作或神学称为"内部护教学"（in-house apologetics）。

这类神学的价值和成就不容低估。在基督教传播的最初几百年，此类神学在传福音方面发挥了重要作用。殉道士查斯丁和行奇事的格列高

---

[6] C. Bigg, *The Christian Platonists of Alexandria* (Oxford: Clarendon, 1886), p. 41.
[7] *Contra Cel.* 1.8, 10, 21; 2.60; 3.34, 48, 79; 4.54, 75; 5.5.

利（Gregory the Wonder-worker）等伟大的基督教领袖便是因为护教学而接受基督教信仰，[8] 而且我们无法得知到底还有多少人是依循类似的途径而信仰基督教。

然而，问题是：当护教神学超越护教功能而成为神学规范时，我们如何使用护教神学。克雷芒的两种言论有着天壤之别：一方面，他宣称哲学是引导异教徒接受基督教信仰的婢女；[9] 另一方面，他又声称，我们对《圣经》所描述的上帝做出的解释不应当同哲学向我们所说的不可言说者相矛盾。[10] 如果护教神学是一座桥梁，所承载的交通便是双向的，所发挥的作用也是双向的：护教神学一方面可以引领非基督徒接受基督教信仰，另一方面也能引导基督徒放弃信仰！

如果我们再来看本章所探索的基本问题，即第二类神学服务于哪种社会与经济议题，答案似乎一目了然。第二类神学的原动力在于渴望证明基督教信仰与最优秀的希腊哲学并不矛盾。因此，第二类神学服务于传扬福音。其次，第二类神学帮助了因为社会地位卑微、因为信仰不受尊重而饱受困扰的基督徒。但是，第二类神学也为解释基督教开辟了一条新路，使这种解释满足了在社会上受到尊敬之人的渴望。这一点清楚体现在克雷芒的专著《谁是将要得救的富人？》中，却在奥利金的著作中不太明显，因为奥利金确实颂扬贫穷与简朴优于财富。但是，奥利金的颂扬基于希腊文化所谓的哲学生活，而不是上帝对公义的诉求。因此，奥利金卖掉自己的图书馆，换来可以保障其基本生活的可观收入。他对贫穷的赞美不是呼吁公义或赞美穷人，而是赞扬一种自愿成为穷人——却不会因此变得一贫如洗——的人能够享受的默想生活。

亚历山大的神学从本质上讲是精英神学，就像柏拉图的哲学是精英哲学。克雷芒认为，他自己和他精心挑选的基督徒都是"真知派"（true gnostics），即真正理解信仰本质的基督徒。他显然觉得"普通信徒的生命——即教会这个身体的大量普通信徒的生命——是更低一等的生命。"[11] 这种精英主义是第二类神学的一个本质特征。

---

[8] *Dial*.3; *Paneg*. 6.
[9] *Strom*. 1.20.
[10] 同上，5.71。
[11] Bigg, *The Christian Platonists*, p.86.

> 在评价人性方面，亚历山大学派贵族气十足。他们关心最优秀的人，却对普通群众冷若冰霜。鱼龙混杂的群众阻碍蒙拣选的人摆脱奴役。像极了无知无识的乌合之众，他们的想法能阻碍一个酒鬼从为奴之地踏上发现真理之地的旅程。[12]

第二类神学还可以在更深的层面上用来服务于一社会议题。第二类神学的实在观是静态的，这源于柏拉图传统类似的实在观。基督徒相信，社会未来的秩序出于上帝。这一异象对社会现状会造成相应的压力，而第二类神学静态的实在观往往会减轻所有这种压力。第二类神学对知识生活评价极高，以致损害到物质生活。这通常会把这样一种社会秩序合理化：教师、学者、管理者和统治者等从事思想工作的人，他们的地位高于为社会供应物质性物资的劳动者，而且安逸比工作更高贵。

多亏有了第二类神学，当罗马帝国决志接受基督教信仰时，教会为这重大的一步已奠定诸多坚实基础。当上层人士加入教会时，他们明白加入教会不代表放弃他们的阶层与文化中最伟大的成就。现在，人们可以把基督教解释为一种极其精妙复杂的哲学，完全适合罗马帝国的智者。他们的安逸生活基于别人的辛劳，却可被视为高人一等的默想生活。这一切——却不是第二类神学固有的力量或对福音的忠诚——才是第二类神学在基督教思想史上发挥过重要作用、第二类神学的各种相继的变体在不同历史时期一再出现的主要原因。

第一类神学：**德尔图良**和第一类神学的情况更难描述。首先，相比于亚历山大的基督徒，我们对公元2世纪末迦太基基督徒的社会状况了解更少。其次，迦太基与亚历山大不同的是，迦太基没有可供我们参考的历史悠久的神学传统。

有迹象表明，北非的基督教正在吸引至少是中等富裕的信徒。德尔图良最早的论著是用希腊文写的，他还精通拉丁文的修辞法，因此，他

---

[12] R. B. Tollonton, *Alexandrine Teaching on the Universe* (New York: Macmillan, 1932), p.159.

显然接受过良好的教育，不属于下层阶级。事实上，德尔图良的父亲是地方总督步兵团中的百夫长；他的家庭属于罗马统治阶级中的中等阶层，从某种意义上讲是罗马帝国的中坚力量。《佩尔培图阿与费莉西塔斯殉道记》也说明，基督教在富人中取得了一定进展，[13] 而且德尔图良的确说过财富如果得以善用就是好的，[14] 因此，在德尔图良所属的教会中，至少有一部分基督徒相对富裕。在迫害期间，有些基督徒受到企图收买官员的试探，这说明他们还是很有钱的。[15] 此外，根据德尔图良的记载，还有基督徒受到"过度占有"（immoderate having）这一恶习的试探。[16]

当我们阅读德尔图良和北非其他作家——米努西乌斯·菲利克斯（Minucius Felix），奚普里安（Cyprian）和拉克坦提乌斯（Lactantius），甚至是奥古斯丁——的护教著作时，会明确看到基督徒受到的主要指控并非他们愚昧无知，而是他们缺乏道德、荒淫放纵，甚至是颠覆分子。在德尔图良的《护教文》和米努西乌斯·菲利克斯的《奥克塔维乌斯》（Octavius）中，主要论证不是为了驳斥贬低基督教的知识分子，而是驳斥对基督徒吃孩子、在崇拜中乱伦的指控。[17] 德尔图良、米努西乌斯·菲利克斯、后来的奚普里安的《致戴米特拉奴斯》（To Demetrianus）和奥古斯丁的《上帝之城》（The City of God）都不得不驳斥的指控是：诸神造就了罗马的伟大，但由于基督徒不再敬虔，背弃了罗马的传统神祇，才导致罗马帝国遭受各种灾难；换句话说，基督徒受到的指控是在全宇宙进行颠覆活动。[18]

由于这种处境和环境，德尔图良的回应同亚历山大的神学家完全不同。亚历山大的神学家努力调和基督教信仰与希腊哲学，而德尔图良根本不会进行这种调和。德尔图良把希腊哲学视为基督教信仰的天敌。事实上，在德尔图良看来，调和二者的企图是大多数异端的根源。由于上

---

[13] 据说佩尔培图阿的出身高贵，受过良好的教育（"honeste nata, liberaliter instituta, matronaliter nupta"）。Passio SS. Perp. et Fel. 2.
[14] De culcu fem. 2.10. 另一方面，他宣称耶稣为穷人辩护，却谴责富人（De pat.7）；富人在审判时会比别人遇到更多困难（De cultu fem.13）。
[15] 德尔图良, De fuga in pers. 12。
[16] De culcu fem. 1.9.
[17] 德尔图良，Apol. 2.7; Minucius Felix, Oct. 9。
[18] Apol. 10.

述原因，以及德尔图良尖锐批评身边的诸多事物，他始终被当作理查德·尼布尔（H. Richard Niebuhr）所谓的"基督与文化对立"的主要范例。

另一方面，德尔图良的观点没有那么简单，因为他同样在意身边受尊敬的人如何看待基督教。因此，对于护教而言，第一类神学与第二类神学的差异在于基调和侧重点，而非基本观点。第二类神学主要处理教义问题，而德尔图良（米努西乌斯·菲利克斯、奚普里安、拉克坦提乌斯和奥古斯丁等后继者）主要处理实践与道德方面的问题。我们基本可以说，克雷芒和奥利金的旨趣在于阐释基督教教义的真理，而德尔图良的主要旨趣在于说明基督徒生活的正当性。或者用我们所概括的这两类神学的特点来说，第二类神学的护教神学基于真理，而第一类神学的护教神学基于律法。克雷芒和奥利金试图证明，他们的信仰与最优秀的希腊哲学并不矛盾，而德尔图良希望证明，他的信仰与罗马最高的道德成就并不矛盾。

我们再次看到，如果护教是一座桥梁，所承载的交通便是双向的。一方面，护教为基督教信仰开辟了道路，可以帮助被流言蜚语——即基督徒不道德——所蛊惑的非基督徒接受基督教信仰。这显然是德尔图良从事护教工作的目的，他打算这样护教。但另一方面，护教这座桥梁正好可以用来把基督教变为一种体系，使其支持既定的道德与法律秩序。如果把基督教解释为一套人们应当遵守的优秀的道德规范，基督教便有利于想要维护社会秩序的人。

从某种意义上讲，这正是君士坦丁掌权之后的情况。德尔图良的信仰曾让他可能死在当局手中，如今却成为统治者要求人民顺服与效忠的依据。这反而让掌权者更容易坚称基督教是他们的信仰，而信仰却基本没有改变他们对权力的理解与运用。掌权者的统治依靠法律和秩序，他们在一种相当于律法与秩序的神学中得到支持与鼓励。

第三类神学：相比于亚历山大或迦太基，我们对里昂的社会环境了解更少。**爱任纽**成年后主要在里昂生活。在爱任纽成为主教之前不久，里昂和维埃纳（Vienne）发生了一次殉道事件，记载此次件事的文献提供了各种可以拼凑起来的零散信息。文献中提到的名字似乎说明，大多数信徒最初来自罗马帝国的东部,可能是来自爱任纽成长的同样地区,但我们不可能知道他们迁移的原因,也就不可能确定他们的社会或经济状况。[19] 文献中提到维提乌斯·埃帕加修斯(Vittius Epagathus),据说他是"一个杰出的人"。[20]

这份文献还说到一些基督徒的奴隶被捕,目的是收集控告他们主人的证据。这清楚证明至少有些基督徒富裕到足以拥有奴隶的程度。奴隶身处社会底层,他们也是殉道者。(说句题外话,这份文献没有记载维提乌斯·埃帕加修斯是殉道者。该文献的作者显然是迫害中的幸存者,他可能也是某些被捕的奴隶的主人。)

爱任纽曾为自己糟糕的希腊文水平辩解,理由是他生活在凯尔特人中,从未研修过修辞学。爱任纽的希腊文水平没有那么糟,他提到"生活在凯尔特人中"可能只是他在写作中的一种修辞手法;但是,爱任纽的著作的确说明,他并不精通古典修辞学。可想而知,大多数归信基督教的凯尔特人并不是社会地位很高的人。

不管怎样,如果爱任纽的神学确实可以代表小亚细亚和叙利亚历史悠久的神学传统,我们必须在罗马帝国的这一地区探寻爱任纽的思想背景。爱任纽是在图密善(Domitian)迫害基督教的记忆中成长的,而正是图密善的迫害促成了《启示录》。小亚细亚因热衷于皇帝崇拜而闻名于世,所以也因皇帝崇拜给基督徒造成随之而来的困难。[21] 小亚细亚还是伊格纳修前往罗马殉道时途经的地方。

大约在同一时期,在罗马帝国的北方行省比提尼亚,小普林尼(Pliny the Younger)一直在严刑拷问基督徒,他想知道基督徒到底信仰什么,并把拒不放弃信仰的基督徒处以极刑。爱任纽的老师波利卡普已经殉道。(爱任纽及其教会的信徒可能是为了逃避此次迫害而逃到里昂吗?)

---

[19] 我们不要忘记,在古代,社会地位与经济阶级完全不是一回事。至于里昂,琼斯(A. H. N. Jones)的文章 "The Economic Life of the Towns of the Roman Empire," *Recueils da la Societé Jean Bodin* (1955). pp. 182–83 已经证明里昂的商人和企业家中有外国人和自由民,但没有人有公民身份,贵族就更少了。当时里昂已知的基督徒的名字大多是希腊人的名字,所以如果有人有一定的社会身份,那一定是因为财富,而不是因为他们的社会地位。

[20] Eusebius, *H. E.* 5.1.10.

[21] Stambaugh and Balch, *The New Testament*, p. 151.

小亚细亚和安提阿的教会同罗马帝国其他地区的教会一样，包括富人、奴隶和社会底层人。自保罗与《新约》其他作者以来，他们的共同点是被周围社会所排斥。尽管并非所有基督徒都是穷人，相对富裕与地位相对显赫的基督徒可能是社会学家所说的"高位相悖"（high status inconsistency）或"低位结晶化"（status crystallization），[22] 即使他们拥有很高社会地位的财富或其他因素，也无法彻底抵消导致他们处于低社会地位的因素。因此，这样的教会不可能对既定的社会秩序抱有任何美好的幻想。

我们再来看爱任纽。爱任纽的神学议程显然与亚历山大学派和德尔图良十分不同。爱任纽不想从哲学或道德的角度来为基督教赢得尊重。他的著作不是针对教外人士所写，向他们证明基督教的价值；爱任纽为基督教的弟兄姐妹著述，向他们说明信仰的本质，以及何为真正的顺服。爱任纽的目标不是赢得尊敬，而是倡导顺服；他极少向身边的权力制度或达官显贵作出让步。

基于这一动机的神学不想把《圣经》中的上帝看作不可言说者或至高统治者，而是充满爱的父母、牧者和教师。爱任纽也不想通过在上帝与人类之间挖掘一道巨大的鸿沟来提升上帝的至高权威。相反，爱任纽展望一个宏大神圣的计划，人类在其中发挥着重要作用，这最终会令最卑微的人在即将来临的上帝之国的新秩序中被圣化。

> 圣父的智慧胜过所有的人与天使的智慧，因为他是主、审判者、公义者、万有的统治者。因为他良善、仁慈、耐心，拯救他应当拯救的人：不是上帝在施行公义时失去良善，也不是他的智慧少了；因为上帝拯救应当拯救的人，审判应该受审的人。上帝也不施行没有慈爱的公义；毫无疑问，上帝首先是良善的，首先彰显良善。[23]

掌权者发现必需在这一点上与爱任纽分道扬镳，因为他们想要一种认同他们的权力与既定秩序的神学。最卑微的人将会被圣化，一个新的

---

[22] Meeks, *Urban Christians*, p.73.
[23] *Adv. haer.* 3.25.3(ANF, 1:459).

国度将从天而降；带有这种应许的人类历史观同掌权者的历史观格格不入，即罗马帝国的皇帝和既定秩序以某种方式体现出上帝的计划。世俗秩序确实是上帝设立的，这一点勿庸质疑；这是爱任纽强调的重点。但是，爱任纽接着提出《罗马书》第 13 章作为补充："只要他们行公义与合法的事。……但是无论如何他们行不义的、邪恶的、不虔敬的、不法的、残暴的事，他们也将在这些事上灭亡。"[24] 末世盼望对于第三类神学十分重要，即盼望在地上实现和平、爱与公义。因此，我们非常容易理解为什么第三类神学不受掌权者欢迎。

在教会诞生几百年后，第三类神学便被基本遗忘；这不完全是因为教义原因。**第三类神学的社会与政治含义，不利于一个希望令福音更容易被既定秩序接受、令既定秩序更容易被福音接受的教会和社会。**

另两类神学找到了一种进入希腊罗马社会的方法，即从社会极为重视的两个传统的角度来解释基督教信仰。第一类神学的切入点是法律与秩序（先是罗马的；后是日耳曼的、拿破仑的，等等）。第二类神学的切入点是哲学（先是柏拉图哲学；后是亚里士多德哲学、笛卡尔哲学、黑格尔哲学，等等）。这一切都说明第一类神学和第二类神学最终服务于掌权者和知识分子精英的利益，尽管这不是其倡导者所能知道的，也不是他们原本的意图。虽然掌权者和知识分子精英起初反对哲学家所嘲笑的、执法者所迫害的基督教，但在基督教成为罗马帝国的主要宗教之后，也正是这些社会精英愿意看到人们从法律与哲学的角度来解释基督教。

我们将在随后三章中概述这一进程。

---

[24] *Adv. haer.* 3.24.2(ANF, 1:552).

第二部分 西方神学的进程

罗马帝国归信基督教之后，第三类神学逐渐被遗忘，而第一类神学吸收了第二类神学的一些要素，并稍作改进，随即成为标准的基督教神学，特别是在西方。这种改进过的第一类神学在整个中世纪占据主导地位，决定了中世纪神学的主要进程。宗教改革时期，虽然某些重要问题分裂了教会，但新教徒和天主教徒普遍仍以改进的第一类神学为规范。就这方面而言，传统的天主教神学和新教神学都是同一类神学的具体表现。

在基督教思想史的各个阶段，总有人觉得第一类神学过于局限，即便是第一类神学逐渐通过融合第二类神学的一些要素而得以改进之后。因此，他们求助于各种形式的第二类神学。

与此同时，神学专著与公式基本忽略了第三类神学，只是个别神学家或某场神学运动偶尔特别强调时，才会让人想起第三类神学。

第六章 后期教父神学：奥古斯丁的角色

公元4世纪初，教会生活发生了重大变化：针对基督教规模最严重的迫害一结束，教会便被罗马帝国宽容，君士坦丁很快便开始对教会施与越来越多的恩惠。五十年后，基督教成为罗马帝国的官方宗教，帝国正在采取措施消灭古老的异教宗教。[1]

从某种角度来看，这些变化出人意料，许多基督徒只能将其解释为上帝的介入。这种解释很容易理解，因为基督徒一直在遭受迫害，或始终生活在受迫害的威胁之下，他们通常被视为社会上最烂的人渣。而基督教在迫害结束后成为罗马帝国的国教，因此，基督徒如释重负，强烈感受到自己被世人所认可。

从另一个角度来看，我们今天再回过头来思考，便会发现教会长久以来一直在无意中为教会在罗马社会中的新角色做着准备。从某种意义上讲，尽管基督教的许多护教士可能很少去阻止教会正在遭受的迫害，难以成功说服他们本想说服的统治者，但他们的工作却为后君士坦丁时代的教会开辟了道路。事实上，护教士曾努力向敌人——其实也在向他

---

[1] 参 N. O. King, *The Emperor of Theodosius and The Establishment of Christianity* (London: SCM, 1961); A. Momigliano, ed., *Paganism and Christianity in the Fourth Century* (Oxford: Clarendon, 1963)。

们自己——证明，基督教信仰绝非人们所传言的那般粗俗、混乱和极端。

使用古典哲学的护教士——其实是大多数护教士——都是极好的明证。他们起初想要证明基督教与异教最优秀的哲学并不矛盾，但他们及其继承者们最终开始把异教哲学用作释经学工具，来理解《圣经》的意义和基督教的本质。

塔提安和德尔图良等护教士就是这样做的，尽管他们做的更为隐秘，德尔图良又被描述为视基督教与文化极度对立的原型。关于异教哲学，德尔图良确实说过一些非常苛刻的话。但是，在护教时，德尔图良也想证明基督教不是传言中的怪物。他的证明方法不是从柏拉图传统的角度来解释基督教，这一点不同于第二类神学的护教士；德尔图良的方法是根据法律，以及希腊罗马世界有理由引以为傲的两个伟大传统之一的哲学。

因此，正如第二类神学想要证明基督教与希腊哲学在本质上并不矛盾，第一类神学想要证明基督教与罗马法律和秩序在本质上并不矛盾。

在本书第二部分，我们只评论西方教会，不会探讨东方教会如何按照我们的三类神学分类。由于崇拜礼仪的保守性，东方教会保留下来的大量神学传统似乎体现出第三类神学更古老的神学观；但是，东方教会的正规学术神学常常遵循第二类神学。这很可能与这一事实密切相关：在东方教会史的很长一段时间里，东方教会时常处于某种政教合一制（caesaropapism，即教会服从世俗统治者），因此，东方教会的神学并未明确表达出其崇拜礼仪所坚守的激进要素。

然而，这不是我们本书所要探究的问题。这个问题最好留给更专业的学者：他们精通东方教会的神学发展史及其与拜占廷帝国和俄罗斯帝国的政治环境之间的关系。我们只探讨最早的东方神学，该时期西方神学始终在与东方神学对话，以致东方神学是西方神学传统的一部分。

对于西方神学的进程，我们的探讨必然是概述性的，先勾勒出主线，然后进行大量补充。至于更多细节，我还是建议读者阅读我的《基督教思想史》。不管怎样，以下所概述的主线应该足以证明我的论点。正如爱任纽所说："要想知道海水是咸的，我们无需喝光整个海洋。"[2]

---

[2] *Adv. haer.* 2.19.8 (ANF, 1:387).

君士坦丁归信基督教之后，随着罗马帝国与教会日益纠缠在一起，出现一股支持第一类神学和第二类神学、反对第三类神学的强大压力。通常来讲，这股强大的压力既不是公开的，也不是有意识的；但是，从掌权者从社会与经济角度的考虑，掌权者希望福音与他们的权力并不矛盾。甚至对于普通人来说，他们都满足于现状，即罗马帝国现在愿意接受当下仍是少数没有权力的受迫害者所坚守的信仰，尽管这必然导致对他们信仰的某种重新解读。

凯撒利亚的尤西比乌的态度是最典型的。这位著名的历史学家经常被谴责为君士坦丁的谄媚者，但他的传记说明这种解释并非中肯。[3] 尤西比乌曾为信仰受苦，却坚守信仰；因此，我们不应当谴责尤西比乌缺乏勇气。此外，尤西比乌对君士坦丁的某些溢美之词是在这位皇帝去世之后写的，所以不能被当作奴颜婢膝的谄媚。尤西比乌似乎是真诚的人，如实阐释了许多基督徒的看法，这些基督徒终于等到自己不再遭受迫害，他们认为君士坦丁归信基督教可能是上帝的眷顾。尤西比乌非常重要，因为他的著作为我们描绘出一副真实的图画，即许多基督徒在君士坦丁归信基督教之后的想法。

就神学观而言，尤西比乌是奥利金的追随者。奥利金晚年主要在凯撒利亚度过。凯撒利亚有奥利金留下的图书馆，若干年后，年轻的尤西比乌被潘菲鲁斯（Pamphilus）的求知欲所吸引，是潘菲鲁斯把奥利金这位亚历山大大师的著作介绍给尤西比乌。多亏了奥利金的图书馆，尤西比乌才能完成其历史学家的工作。

因此，作为奥利金的忠实追随者，尤西比乌相信基督教是一系列永恒不变的真理，虽然是在耶稣里被启示出来，却与哲学家已经发现的知识并不矛盾。因此，我们可以说尽管尤西比乌是历史学家，但他不相信历史，至少不相信历史是一个连续不断的过程。[4] 尤西比乌不相信基督

---

[3] 我在《基督教思想史》(*A History of Christian Thought*)中简短讨论过尤西比乌。我在后来的一部著作中对尤西比乌的讨论更详细：*The Story of Christianity*, (San Francisco: Harper & row, 1984), 1:129–135。

[4] 但是，我们还应当考虑到第三类神学对尤西比乌的影响："尤西比乌生活在安提阿与亚历山大之间的凯撒利亚，他虽然钦佩奥利金，但令他有所平衡的是，他对他所观察到的极具安提阿学派特征的事物十分敬重，这在他的历史著作中体现的最为明显……他认为人类历史展现出这样一种模式：基督教的恩典

教的教义可能已经发展。他其中的一个目的是要证明，当时的基督徒所持守的信仰是他们一贯持守的。我们今天知道这是错误的假说；但是，尤西比乌是我们研究古代基督教的主要资料源之一。这一事实令现代历史学家的工作变得十分复杂。

不管怎样，在尤西比乌的伟大著作《教会史》（*Church History*）和他的其他著作中，他特别想证明罗马帝国是上帝传扬福音计划的一部分，所以罗马帝国完全能够与基督教和谐共存。我们不应该忘记，尤西比乌时代的许多异教徒认为，罗马帝国归信基督教是严重的离经叛道，背叛了把罗马变得伟大的诸神，所以诸神将惩罚罗马帝国。此外，尤西比乌的工作也有先例，特别是赞同第二类神学的基督徒认为，上帝把哲学赐给外邦人的目的是为了预备外邦人接受福音，好像上帝把律法赐给犹太人。因此，尤西比乌对此补充的是：罗马帝国也在福音中得到冠冕；上帝为了基督教的诞生而创造出罗马帝国；因此，君士坦丁归信基督教不是罗马背叛罗马的诸神，或教会背叛教会的上帝，而是罗马帝国和教会共同完满发展的自然结果。

尤西比乌把整场迫害解释为罗马帝国的严重错误。尤西比乌留给读者的印象是，如果罗马当局真正认识到基督教的本质，便不会迫害基督教。这不是一种新观点，因为自公元2世纪以来，护教士便一直在用它为基督教辩护。由于尤西比乌，罗马帝国或是由于误解或是由于某位统治者的堕落而迫害基督教的观念才在教会史上非常普遍。这不完全是错的，特别是尼禄（Nero）——或许还有图密善（Domitian）——对基督教的迫害。

然而，某些迫害基督徒的皇帝其实是古代最智慧的统治者。例如，戴克里先（Diocletian）是一位能力出众的政治家，是当时惟一能够将濒临崩溃的罗马帝国统一在一起的人。但是，正是戴克里先发动了针对基督教规模最大的迫害。尤西比乌告诉我们，戴克里先听信了加莱里乌斯（Galerius）的建议；这很可能是事实。难以置信的是，虽然戴克里

时代重述了族长的信心时代，两个时代的分界点是摩西的律法时代。末了的时代始于基督，在君士坦丁统治下的罗马帝国归信基督教时达至完满。" D. S. Wallace-Hadrill, *Christian Antioch: A Study of Early Christian Thought in the East* (Cambridge: University Press, 1982), pp. 52–53.

先听信了加莱里乌斯的建议，他却没有进行任何深入的调查，哪怕至少是认为加莱里乌斯对基督徒的仇视是合理的。

此外，如果迫害真是由于误解，便难以解释为什么罗马帝国随着时间的推移而越加了解基督教后反而进行更普遍的迫害？事实上，我们可以理清一条帝国皇帝和政府官员越来越了解基督教、但迫害基督徒却越加普遍的主线：先是图拉真，他的总督普林尼严刑拷问基督徒想知道基督教到底信仰什么；然后是马可·奥勒留，他对基督徒的某些评论虽然颇有见地，却对基督徒冷若冰霜。再到后来的戴克里先，他的罗马帝国已经非常了解基督教。

这一切都说明，基督徒至少从某种程度上讲已经无意识地成为罗马帝国境内的颠覆分子。在罗马帝国，存在许多为各种目的而聚结的社团，从帝国的角度来看，基督徒只是其中一员，帝国对这些社团聚结的宗旨顾虑重重，担心他们分裂，甚至颠覆帝国。[5] 基督徒坚持只存在一位独一的上帝，这一信仰损害到罗马的多神信仰，造成了严重的政治后果，因为这一信仰其实分裂了以宗教混合主义与政治折衷主义为根基的罗马帝国。这一信仰也间接否定了一种主张，即罗马变得伟大的真正原因是罗马诸神的加持和罗马人对罗马诸神的忠诚。因此，基督徒的一神信仰全盘质疑了罗马的历史和罗马的自我理解。

宇宙的主是加利利的一个木匠，被罗马帝国下令处死；基督徒的这一主张又质疑了罗马当局所夸耀的司法制度，尽管许多基督徒试图缓解这一矛盾，把矛头指向犹太人，而不是罗马帝国。罗马当局一定听说过耶稣关于穷人的教导。许多基督徒爱好和平，他们还由于其他原因反对服兵役；这严重削弱了帝国的军事力量，而"野蛮人"又不断威胁到帝国边境。[6] 基督徒的盼望间接批评了罗马人引以为傲的和平与公义，因为他们企盼上帝的国，上帝的国终将取代人类的一切国度，实现真正的

---

[5] 在普林尼与图拉真的通信中（这封信包括关于比提尼亚的基督徒的重要信息），普林尼建议图拉真组建一支自愿的消防队。图拉真的答复是：正是类似社团以前曾在比提尼亚引起过骚乱，不论此类社团的目的是什么，最终都会发展成政治运动。*Ep.* 10. 34.

[6] 正如塞尔索所说："如果所有人都和你们所做的一样，便没有什么能防止他（国王）被彻底孤立与遗弃，世间的事全都会被最狂野、最无法纪的野蛮人掌控。"参奥利金的 *Contra Cel.* 8.68 (ANF, 4:665)。

和平与公义。因此，帝国当局有理由迫害基督教。简而言之，"基督教运动具有革命性，不是因为基督教拥有向罗马帝国的法律开战的人力物力，而是因为基督教创建自己的社团，推广自己的法律和行为规范。"[7]

结果，基督教与罗马帝国彼此的敌意当然难以轻易化解，也因此当君士坦丁归信基督教使双方和解，这将要求基督教或双方都做出彻底改变。因此，尤西比乌不得不提出其他理由，声称罗马当局以前迫害基督教的真正原因是无知。

当代大多数历史学家认为，必须在某些细节上修正迫害的时期，以及尤西比乌对初期基督教的记载；但是，很少有历史学家质疑尤西比乌的基本解释，即迫害是出于不幸的误解。这一点都不奇怪，因为尽管大多数历史学家指责尤西比乌对君士坦丁政府毫无批判精神，但他们也不想让自己对基督教信仰的解释被理解成他们对自己社会的尖锐批判。[8] 因此，人们直到今天还坚守一种观念，即迫害是误解所造成的司法悲剧，特别是教会最初几百年的普通信徒也是这样理解的。

尤西比乌的奥利金主义（Origenism）——还有他的政治观——导致他低估了爱任纽的第三类神学，特别是第三类神学的末世盼望。《启示录》是该末世盼望的主要来源，因此，尤西比乌想要削弱《启示录》的权威。[9] 帕皮亚斯同样被低估了。尤西比乌引用帕皮亚斯只是为了证明波利卡普和帕皮亚斯的老师约翰并非使徒约翰。尤西比乌评论帕皮亚斯的物质主义的天国观时，得出的结论是"他毫无学识。"[10] 虽然尤西比乌不能完全忽视爱任纽，但他不相信爱任纽的末世论，很少谈到爱任

---

[7] Robert L. Wilken, *The Christians as the Roman Saw Them* (New Haven: Yale University Press, 1984), p. 119.

[8] 哥特瓦尔得（Norman K. Gottwald）对圣经学者的评论完全适用于历史学家："从文艺复兴时期到17至19世纪的资产阶级革命，圣经学者通常是迎合君主、贵族或教士的利益的知识分子。19世纪，对于许多参与反抗君主和贵族统治的资产阶级革命的大学老师与知识分子，圣经学者团体的作用不容小觑。……大体上讲，作为专业学者和知识分子精英的圣经学者既反对日益衰落的君主制和贵族制，也反对阶级低下的工业无产阶级和后来的农民的日益崛起。同以前的统治阶级不同的是，他们是自由派、进步派；但对于比他们地位低下的阶级，他们是保守派、反动派。" *The Tribes of Yahweh: A Sociology of the Religion of Liberated Israel 1250–1050 B.C.E.* (Maryknoll, N.Y.: Orbis, 1979), p. 10.

[9] 参 NPNF, 2nd series, l:154. Cf. *H.E.*3.39.13.

[10] *H. E.* 10.4.

纽的神学。

尤西比乌反对《启示录》所谓的过于物质主义的末世盼望、帕皮亚斯和爱任纽，这在一定程度上因为尤西比乌的奥利金主义，因为奥利金主义总是低估物质实在。但是，这无法解释为什么尤西比乌对君士坦丁用来装饰基督教堂的财富是赞扬，而不是厌恶。[11] 政治与社会的观念和利益再次披上哲学和神学的外衣。

得出尤西比乌是伪善的投机分子这个结论非常容易，也很让人舒服，因为这样我们就不必吸取历史教训。但是，历史事实微妙得多，也就危险得多。尤西比乌无意中成为一种悠久传统的一员：该传统从掌权者的角度来解释基督教信仰，至少是迎合掌权者的喜好和利益。君士坦丁及其继任者们把国家的特权与权力赋予教会，作为报答，教会里的许多人士柔化他们的信息，以便他们不会过于冒犯掌权者。

到了尤西比乌时代，奥利金对大多数东方教会的影响越来越大——奥利金的影响至少持续到他在第五次普世大公会议被定为异端时。虽然很少有人愿意捍卫奥利金最极端的观点，但他对上帝属性的理解深刻影响到大多数正规神学，尽管他的上帝论主要基于柏拉图传统，而非基于基督教传统。在普世大公会议时代，极少有神学家反对把基督教柏拉图化，敢于反对的神学家都被教会普遍否定，从此被贴上异端的标签，如撒摩撒塔的保罗（Paul of Samosata），[12] 安提阿的犹斯塔修（Eustathius of Antioch），[13] 以及最终被称为聂斯脱里派（Nestorians）[14] 的基督徒。柏拉图化的上帝观始终存在于在公元4、5世纪导致教会动荡不安的三位一体争辩和基督论争辩中。

从某种程度上讲，阿里乌争辩（Arian Controversy）是两种不同的奥利金派的争论，[15] 阿塔纳修（Athanasius）的巨大贡献在于复兴了第三类神学的一些洞见，从而减轻了奥利金主义两大阵营的激烈争辩。基督论争辩不可避免，因为第二类神学从与人性一切特征完全对立的角度

---

[11] 同上，10.4。
[12] *History*, 1:248–52.
[13] 同上，1:269–70, 274–75, 338–39。
[14] 同上，1:353–67。
[15] 同上，1:263–65。

来定义上帝，因此，"上帝成为人"是一个逻辑错误，好像有人要吃热冰淇淋。各种政治与社会利益导致基督论问题错综复杂。基督论争辩不但造成教会的第一次永久性分裂，又在东方教会持续数百年。[16]

虽然西方教会接受数次普世大公会议所界定的三位一体论和基督论，但西方教会从未深陷相关争辩之中，也从未因此发生分裂。人们通常认为，这是因为西方教会的拉丁思想更注重实际，而东方教会的希腊思想更喜欢思辨。这种解释有点种族主义的味道，暗示各个种族天生就有不同的天赋和特质；但是，这种解释无法如实解释当时的情况。

事实上，由第一类神学所主导的西方教会，被幸免于卷入东方教会由第二类神学继承而来的三一上帝观和真理观所造成的问题。这仍然不是仅仅因为西方教会在神学、理智或气质上的偏好。相反，这与西方不同的政治局势息息相关。君士坦丁堡的建立标志罗马帝国的中心已经东移，也说明帝国皇帝模仿东方的模式而日益成为专制统治者。罗马帝国的西部从罗马共和国的法律制度发展而来，从未赋予他们的皇帝如东方皇帝所享有的绝对权力。在帝国西部，皇帝只是法律执行者；而在帝国东部，皇帝日益成为上帝的代表，[17] 或尤西比乌所说的"主教中的主教"。

因此，西方教会能够更自由地反对皇帝的命令，而在罗马帝国东部，皇帝始终在努力成为神学问题的仲裁者。这是在对东方教会的神学争辩火上浇油，因为要想在神学争辩中获胜，争辩双方只需赢得帝国权力的支持。公元4世纪，西方教会的在场没有让这种趋势走向极端。但是，到了公元5世纪，当外来的日耳曼人在帝国西部肆虐时，帝国东部独立发展，帝国皇帝的政令对神学讨论的干涉越加频繁。

结果，神学事业——哪怕是神学的细枝末节——都成为各个政党的旗帜，因此，东方教会发展出五花八门的神学，不但有所谓的聂斯脱里

---

[16] 同上，1:335–80; 2:76–91。

[17] "如果我们大胆进行一种讽刺的概括，可以说拜占廷对上帝和罗马帝国皇帝的想法在某些方面制造出三种有毒的成品（这并不是在谈其他许多的杰出果效）。第一，基督教的胜利被视为帝国皇帝在战场上的成功；第二，对帝国皇帝的看法极大影响到对基督的看法；第三，帝国皇帝简直变成了上帝，不容丝毫亵渎。" N. Q. King, *"There's such Divinity Doth Hedge a King": Studies in Ruler Cult and the Religion of Some Late Fourth-Century Byzantine Monuments* (Nashville: Thomas Nelson, 1960), p.19.

主义（Nestorianism）和基督一性论（Monophysitism），还有基督一志论（Monothelism）和上帝独作论（monergism），等等。这些神学试图通过越来越细微的差异来定义基督里的神性与人性之间的关系。[18]

与此同时，西方教会自行发展。在三位一体与基督论的问题上，德尔图良首先提出的古老公式成为正统信仰胜出，被西方教会普遍乐于接受，尽管这些解释已经不同于德尔图良的原意。

西方教会仍沿着自己的正统道路发展，把第二类神学的诸多要素融入第一类神学对福音的核心理解。换句话说，西方教会所发展出的神学，其基本特征仍是律法和顺服，然后通过哲学方法来表达。在这一进程中，最重要的神学家是希坡的圣奥古斯丁（St. Augustine of Hippo），尽管奥古斯丁绝不是西方神学惟一的缔造者。[19] 我们可以从奥古斯丁的神学中看出，第一类神学的基本观点与第二类神学的某些要素融合在一起，从此正是后来大多数西方神学的特点。因此，就本书的论点而言，我们只需显明奥古斯丁如何把第一类神学与第二类神学的各种要素融合在一起。

奥古斯丁的灵性与理智历程闻名于世。他的母亲是基督徒，父亲是异教徒，北非一名无足轻重的罗马小官。奥古斯丁最终放弃了母亲莫妮卡（Monica）的信仰，此举主要因为他难以理解母亲的宗教。恶是最困扰奥古斯丁的问题，这让他加入摩尼教（Manichaeism），因为摩尼教自称可以解决恶的问题。奥古斯丁最终不再对摩尼教抱有任何幻想，转而偶遇几位柏拉图主义者的著作，从中发现了他所认为的恶的问题的解决之道，以及思考上帝和灵魂的方法，觉得这一切都比基督徒和摩尼教徒的教导更能接受。因此，新柏拉图主义对于奥古斯丁的神学做出了巨大贡献，这体现在他的上帝论、灵魂论和罪论中。我们很快就会讲到。

经常有学者指出，奥古斯丁在米兰花园中归信基督教的著名事件，与其说把他变成基督教神学家，不如说是把他变成新柏拉图主义哲学家；只是在奥古斯丁努力承担作为教会的主教和教师职责的过程中，他才渐渐从自己的神学中净化掉新柏拉图主义过多的影响与观点，如普世的世

---

[18] *History*, 1:368–80; 2:76–91.
[19] *History*, 2:15–55.

界灵魂（universal world soul）和知识是对前世的回忆。[20]

奥古斯丁的神学与莫妮卡所信仰的基督教的关系尚未得到足够重视。虽然奥古斯丁的神学完全披着新柏拉图主义的外衣，却反映出相同于德尔图良的基本神学观。这不代表奥古斯丁是另一个德尔图良。事实上，奥古斯丁曾公开赞扬异教徒最优秀的文化，特别是柏拉图主义；奥古斯丁这样做肯定会令他的迦太基的先驱德尔图良反感至极。但是，奥古斯丁对福音之本质和得救之意义的基本看法仍属于第一类神学。我们稍后还会讲到这一点。在此之前，我们先来探讨奥古斯丁从柏拉图传统中借用的重要要素，然后再来讨论第二类神学的主要观点如何存留于标准的西方正统神学这些要点中。

奥古斯丁难以接受母亲莫妮卡和教会所持守的上帝观。他明确说过是他自己对新柏拉主义者的解读——而非教会的教导——让他清楚理解了上帝。[21] 对于奥古斯丁来说，上帝主要是柏拉图传统的不可言说者。把上帝称为本质（substance）是不适合的；上帝只是本体（essence）。在上帝那里，根本不存在时间或空间；过去、未来和现在是一样的，它们都是真实存在的。上帝瞬息能了然往事：真实的事物或可能的事物；过去、现在或未来。

这不代表时间是不真实的。如果没有时间，受造物便不能存在。历史正是在时间里发生的。学者们关于奥古斯丁的历史哲学的许多论述，可能会让我们看到他的历史哲学具有第三类神学的余波。但是，一旦深入研究，我们便会失望。对于奥古斯丁来说，事件的历史进程并不重要；属灵的上帝之城的生命才是最重要的，祂的真理被一次赐下，超越历史，祂的目标也超越历史。[22] 历史进程的最终结局是归于无有。世界的历史没有终极意义，与上帝的终极目标毫不相干。

这不代表像奥利金认为的那样，终点好像起点。相反，奥古斯丁宣

---

[20] 关于奥古斯丁的生平及其归信基督教的情况和性质，参 *History*, 2:23, n.15。
[21] *Conf.* 7.20.
[22] "对于像奥古斯丁这样的人来说，我们所讲的进步、危机和世界秩序毫无意义。因为从基督教的角度来看，只有一种进步：信徒与非信徒、基督与敌基督者的差异越来越明确；只有两种真正重要的危机：伊甸园和髑髅地。" Karl Löwith, *Meaning in History* (Chicago: University of Chicago, 1949), p. 172.

称终点不只是重返伊甸园。[23] 罪与拯救的漫长过程将把我们提升到更高的境界。如果亚当和夏娃没有犯罪,他们将被转移到更高的境界,完全没有必要历史的介入。[24] 奥古斯丁与爱任纽不同,不认为亚当和夏娃的成长及其对公义的认识必须借助于一个相当于历史的发展过程。此外,最终不会再有历史。奥古斯丁没有给爱任纽对永恒成长的盼望留下丝毫余地。由于柏拉图传统对奥古斯丁的影响,奥古斯丁的天国观基本是静态的,尽管他宣称我们在天国中有不再犯罪的自由,但他所主张的某种自由与发展通常没有被后来的神学所接受。

其次,灵魂论同样可以说明新柏拉图主义先是影响到奥古斯丁,然后又通过奥古斯丁影响到整个西方神学。灵魂是非物质的此一概念,在奥古斯丁时代之前的西方教会极少有人支持;但后来的大多数神学相信灵魂理当如此。在东方教会,由于柏拉图传统和第二类神学的影响,这一观念已被广泛接受;但是,当奥古斯丁在西方提出这一观念时,却引起许多人的恐慌。事实上,他们在《圣经》中找不到"灵魂为非物质"的任何根据。不管怎样,源自德尔图良并深受斯多葛主义影响的悠久的神学传统,理所当然地认为灵魂是物质的。在奥古斯丁去世很久之后,他的灵魂论仍在普遍反对声中遭受辩论,即灵魂为非物质的。[25] 由于奥古斯丁的威望日益增长,以及借助各种其他途径从东方传入西方的新柏拉图主义的影响力日益扩大,争论才最终渐渐平息,灵魂为非物质的观念才在没有更多异议的情况下被广泛接受。

奥古斯丁的恶论是他的第三个深受新柏拉主义影响的教义。如前所述,奥古斯丁在努力理解母亲的信仰和世界的本质时,恶的问题是最让他烦恼的问题之一。奥古斯丁最终在新柏拉图主义者的教导中找到了解决之道,即恶不是实体,而是善的匮乏。换句话说,任何事物本身都不是恶的;每一个事物的本质都是善的。但是,本质可能堕落,从而变成恶的。这种堕落的基本含义是:事物非自然地偏离了善。例如,猴子作

---

[23] Gerhart B. Lardner, *The Idea of Reform: Its Impact on Christian Thought and Action in the Age of the Fathers* (Cambridge: Harvard University Press, 1959), p. 160, n. 22.
[24] *Ench.* 104; *De Cen. ad litt.* 6.20–23.
[25] *History*, 2:63–65.

为猴子是美的；但是，如果人长得像猴子就不美了。猴子身上的善，到了人的身上就变成了恶。这不是因为猴子身上的善本身是恶的，而是它代表本性的堕落，从高级偏离到低级。

这暗示一种等级森严的实在观。这种实在观是新柏拉图主义早已有的，又通过奥古斯丁和后来新柏拉图主义的影响很快便成为西方神学的标准。如果恶是偏离独一的上帝，我们必然得出的结论是，虽然每一个受造物的本质都是善的，但一些比另一些更好，因为它们更接近独一的上帝。对于理解人性而言，这和另一个同样源自柏拉图传统的观念联系在一起，即知识与灵性生命高于物质生命。这造成了可怕的社会政治后果（我在另一部著作中探讨过这个问题）。[26]

这种等级森严的实在观后来有了两种用途：一是支持教会自己的主张，即教会权柄高于世俗权柄；二是支持社会的整套封建制度，而封建制度的一个主要特点正是等级森严的宇宙观和社会秩序观。这让我们再次看到，社会政治动机隐藏在看似纯粹的理智事务之后。

然而，我们不应当认为这所有一切可以说明奥古斯丁是第二类神学的追随者。至于对福音的基本理解，奥古斯丁显然属于本质上从律法的角度来理解福音的第一类神学。这可以在伯拉纠争辩（Pelagian Controversy）中看出，因为伯拉纠争辩其实是第一类神学中两大阵营的争辩，好像阿里乌争辩是第二类神学的拥护者之间的争辩。

自从德尔图良时代以前，西方神学便倾向于律法与道德。伯拉纠主义（Pelagianism）是这种倾向的必然结果。人们通常认为，伯拉纠（Pelagius）主张人类无需上帝的恩典也能进入天堂。但是，人们的这种理解是错误的。伯拉纠的确教导过一旦信徒悔改并开始行善，上帝的恩典便会介入，赦免已经悔改的罪人所犯过的罪，增强他们决心行善的意志。因此，不要期待罪人消除自己的罪，而是期待他们悔改，然后纠正自己的生活，这样，上帝才会赦罪。这非常像德尔图良于两百年前所提出的观点。因为有了这种观点，伯拉纠才非常反感预定论和原罪论，因为这两个教义往往否定了上帝的公义——这个**公义**仍是从法律意义上

---

[26] González, *Mañnana: Christian Theology from a Hispanic Perspective* (Nashville: Abingdon Press, 1990), pp. 125–31.

的**惩罚**来理解的。

奥古斯丁反对这些观点。他相信恩典在救恩中居首位。相比于伯拉纠，奥古斯丁更深刻地意识到罪的权势。在谈到人类的自由在罪的状态中受到制约时，奥古斯丁的说法类似于以前的爱任纽和其他第三类神学的神学家所说的"屈从于"罪。奥古斯丁不希望放弃这一洞见，但他的解决之道把他完全置于第一类神学的框架之内。奥古斯丁声称，我们作为罪人不能行善。我们没有不去犯罪的自由。因此，我们必须抛弃伯拉纠的观点，即我们能够凭借自己的能力完成上帝对我们的要求：悔改并开始纠正自己的生活。我们之所以得救，只是因为恩典甚至在我们还是罪人时便介入了。

奥古斯丁把恩典理解为一种超自然能力，被注入人类里面，使人类有能力做以前难以做到的事。恩典具有主动性。甚至在我们希望或要求之前，恩典便在我们里面运作，然后在我们行善时同我们合作。从某种意义上讲，正是恩典拯救了我们。从另一种意义上讲，有了恩典的临在，我们与恩典合作一同行善，行善的善工拯救了我们。

因此，16 世纪的新教改教家和他们的天主教对手都可以引用奥古斯丁来支持他们各自的主张。得救依靠恩典，即罪人只有凭借恩典才能做到得救所必需的善行。

奥古斯丁没有脱离第一类神学的基本神学观：我们欠道德秩序的债，得救取决于消除债务的行为，而这种行为既可以是我们自己的，也可以是基督的。伯拉纠争辩正是在这些限度内进行的，而西方教会大多数关于救恩之道的争辩一再重复伯拉纠争辩。在这一方面，我们还可以补充一点：这或许可以证实东方基督徒的主张，即得救究竟依靠恩典还是依靠行为这个问题从未在东方教会中造成分裂，因为他们对这一问题有着完全不同的看法。（不管怎样，这不是我们本书所要探讨的内容。）

我们可以顺便补充一点：奥都斯丁的预定论是在伯拉纠争辩中形成的，他的预定论体现出第一类神学律法主义的明确特点，特别是奥古斯丁宣称，预定得救的人数正好是补充堕落天使所需的数量，[27] 以及某些

---

[27] *Ench.* 29.

罪人必须被定罪，这样才能表明上帝重视公义。[28]

然而，伯拉纠争辩的另一个结果对后来的基督教神学与敬虔影响更大。奥古斯丁在与伯拉纠争辩的过程中逐渐得出的结论是，骄傲是一切罪的根源，即"罪前之罪"。[29] 虽然早已有人指出过度骄傲是罪，但骄傲在奥古斯丁对罪的理解中处于核心地位，因为这在许多方面似乎可以解释奥古斯丁信仰朝圣之旅中的诸多经历，也因为骄傲在奥古斯丁所援引的诸多希腊传统中发挥着类似作用。奥古斯丁的说法可能是对的：骄傲是对他的最大试探。但是，一旦这种看法被提升为一种对罪的普遍理解，便意味着一切骄傲从本质上讲都是罪，基督徒应当满足于他们的社会地位，这是他们的命运。受压迫者争取自由与尊严的斗争是骄傲的行为，所以是有罪的行为。

最后，奥古斯丁对正义战争的定义影响到后来的神学和伦理学。君士坦丁时代之后的基督教领袖同之前的教会领袖不同，他们必须想尽办法来解决如何适当使用国家权力来支持教会的议题。这对于奥古斯丁是一个非常紧迫的问题，因为正在分裂北非教会的多纳徒派（Donatist）已经采取极端的立场。

已经有学者指出，多纳徒派分裂不是纯粹的神学问题，还涉及到种族、政治和社会因素。[30] 布匿战争之后（Punic Wars），北非成为罗马帝国的领土；但是，群众中古老的布匿人（Punic）和柏柏尔人（Berber）从未融入新制度。[31] 北非的城市——特别是迦太基——都相当富裕，这些城市控制着同意大利高收益的贸易。北非城市的拉丁人和已经融入新制度的原住民从贸易中获利。但是，城市底层人和大多数农村人还存在经济依赖，受人剥削。

---

[28] *De domo persev.* 12.28.
[29] *De nat. et grat.* 30.33.
[30] 参 W. H. C. Frend, *The Donatist Church: A Movement of Protest in Roman North Africa* (Oxford: Clarendon, 1952)。
[31] 在"罗马和平与无休止的战争"（*Pax Romana*, Endless War）一章中，休巴克（Pierre Hubac）总结了从布匿战争到日耳曼入侵的北非历史："在自公元前111年至公元417年的528年间，战争从未停止。游牧民族不是惟一反抗罗马帝国的人。不管任何原因，所有外表上是布匿人的，都被组织起来反抗罗马人。惨遭剥削而成为农奴的非游牧民族与他们之前的敌人游牧民族联合起来。在550年间，罗马成了众矢之的。" *Carthage* (Paris: Bellenand, 1952), p. 236.

当多纳徒派分裂爆发时，所涉及的神学问题为人民积聚已久的不满情绪树立了起义的旗帜。[32] 最终，围剿派（Circumcellions）——激进的多纳图派——向罗马帝国发动了游击战。通常来讲，支持帝国制度的人，以及虽痛恨帝国制度的不公却更珍爱和平的人，都认为圣墓派的所作所为是残酷的掠夺。另一方面，围剿派却自信在为正义的事业而战；当多纳徒派相信为正义而战同样是教会的理想时，围剿派更觉如此。

起初，奥古斯丁和北非与主流教会接连的领袖都建议理性处理争端。不得强迫任何人加入大公教会；强迫只能产生假信徒。真信徒应当帮助多纳徒派认清他们的错误。这是奥古斯丁真心希望看到的结果。人们呼吁冲突双方保持理性，通过对话和平解决争端。问题的关键是：在奥古斯丁和反多纳徒派的人看来合理的事，对围剿派而言却是持续的不公和剥削。因此，呼吁冲突双方保持理性反而成为不理性的举动，针对罗马帝国的制度——以及日益成为帝国制度一部分的教会——的暴动还在继续。

最终，奥古斯丁极不情愿地支持国家使用武力。"正义的"战争是可能存在的。正义战争遵守一定的规则，无论是内在的态度，还是外在的行为。内在的态度是爱，尽管是在进行战争。从外在的行为来看，正义战争必须避免烧杀抢夺、无谓的牺牲，亵渎教会等。最重要的是，正义战争应当具备两个特点，而正是这两个特点导致奥古斯丁的正义战争论趋于保守。

第一，正义战争必须为实现和平而战。没有人反对这一点。值得注意的是，奥古斯丁——以及根据这一点发展正义战争论的人——忽略了一个极为重要的事实，即**正义战争**必须首先为**正义**而战。如果和平仅被理解为此种现状，仅仅为和平而战的战争可能是极不正义的。这是围剿派的要点，而奥古斯丁无法认清这一点，因为他栖身于罗马帝国所缔造的和平。（讽刺的是，在一定程度上因为罗马帝国难以体谅北非人民的不满，北非人民几乎没有对日耳曼入侵者进行任何有效的抵抗，以致在奥古斯丁弥留之际，汪达尔人（Vandals）已兵临希坡城下。由于同样原因，几百年后的北非人民并未有效抵抗阿拉伯人的入侵。）

---

[32] 参 *History*, 2:26–29; *Story*, 1:151–57。

奥古斯丁认为，正义战争的第二个特点与第一个特点密切相关：正义战争必须由统治者发动。奥古斯丁这样说的目的，一方面想彻底瓦解围剿派，另一方面想防止个别人进行报复和煽动叛乱。但是，奥古斯丁其实是在说——正如后人所理解的那样——统治者用武力镇压对他们所理解的和平心存异议的反抗者是正义的，而被统治者不论受到何种压迫，只要被统治者对统治者动武便是非正义的。简而言之，和平与公义是由统治者定义的。这一切可以让我们看到基于律法与秩序的神学——即第一类神学——所导致的一些后果。

奥古斯丁是西方神学的伟大导师，尽管他的恩典论和预定论从未被普遍接受。但是，就恩典论和预定论而言，中世纪的所有神学家都自诩为奥古斯丁的追随者，当然是他们所理解的奥古斯丁。奥古斯丁把纯粹属于第一类神学的东西与借用于第二类神学的一些要素——特别是上帝论和灵魂论——融合在一起；然而通常来讲，奥古斯丁的融合成为中世纪的标准神学。在中世纪，当教会承担起维护法律与秩序的重任时，奥古斯丁对等级制度的理解——经由其他人巩固之后——和诸如正义战争等理论其实都非常有用。最重要的是，奥古斯丁确立了一种与第一类神学紧密相关的、在整个中世纪都占据主导地位的福音观。

第七章 中世纪神学

奥古斯丁谢世之际，汪达尔人已兵临希坡城下。二十年前，哥特人已经征服并洗劫了罗马。随后是一段动荡不安的岁月，旧有的"罗马和平"（pax romana）不复存在。在维护社会秩序方面，教会发挥着越来越积极的作用。对于这一新角色，强调律法与道德秩序的第一类神学特别有价值。虽然第三类神学的要素已经出现在公元4世纪一些西方"教父"的著作中，但到了大格列高利（Gregory the Great，590–604年任罗马主教）时代，第一类神学已然占据主导地位。

大格列高利自认为是奥古斯丁神学的追随者和拥护者，[1] 中世纪正是通过大格列高利来解释希坡这位伟大主教的教导。但是，大格列高利和奥古斯丁的时代完全不同，他们的处境有着天壤之别。奥古斯丁生活在一个相当安定的世界，他可以全心过"哲学生活"，直到后来才被迫成为教会的牧者。即便如此，奥古斯丁也只是牧养希坡这一座城市的教会，希坡的骚乱主要是较为激进的围剿派造成的，但围剿派一般只能在相对偏远的地区烧杀掠夺。

然而，大格列高利发现自己的职责是保障罗马的食物供应和水供应，

---

[1] *History*, 2:71–74.

因为食物和水的供应在当时随时可能中断。此外，大格列高利还负责管理一片面积日益扩大的地区，因为教会不得不填补罗马帝国的瓦解所遗留的各种真空。因此，大格列高利最关心秩序与权力，以及秩序与权力的瓦解可能造成的恐慌。在一个骚乱随时可能爆发的时代，有一种观念特别有吸引力，即宇宙是一种道德秩序，福音本质上是处理这一秩序的指导。大格列高利的神学便反映出这种观念。他的神学是奥古斯丁神学对新时代的调适。相比于奥古斯丁的神学，第一类神学的观点和特征在大格列高利的神学中更为明显。在大格列高利之后，中世纪神学理所当然地认为，第一类神学从教会诞生之初便是基督教的教师们一贯持守的神学，只有第一类神学才是正统神学。

要想说明中世纪如何沿袭了第一类神学的基本路线，我们只需概述在中世纪的神学与敬虔的发展中两个息息相关的核心主题：补赎制度（penitential system）；基督的死是为罪代赎。

补赎制度主要源自一个问题：洗礼之后的罪。我们已经讲过，早在公元2世纪中叶，西方神学家就已非常关心这个问题，因为这个问题出现在德尔图良的两位先驱的著作中：《赫马牧人书》和所谓的《克雷芒致哥林多信徒二书》(The Second Epistle of Clement to the Corinthians)。整个教会不得不一再解决一个现实问题：受洗后的基督徒还会继续犯罪。罪是可以通过洗礼得以免除的债；这一观念在西方很快便成为标准教义。相比于东方，这个问题在西方被争辩的更加激烈。重要的是，西方的主要分裂，如希坡律徒（Hippolytus）、[2] 诺瓦替安派（Novatians）、[3] 多纳徒派，[4] 在一定程度上就是教会因为洗礼后的赦罪与重新接纳背教者的问题所产生的分歧。

从很早的时候起，西方教会便有了这个问题的答案：通过补赎来解决。正如赫马所说，这种补赎起初只允许进行一次。很长一段时间，这被作为西方教会的惯例。结果，许多人直到弥留之际才进行**补赎**，或至少等到老了以后，因为他们害怕过早进行终生只被允许进行一次的补赎

---

[2] 同上，1:229–232。
[3] 同上，1:235。
[4] 同上，2:26–29。

这好像以前的许多基督徒对洗礼的态度：他们把**洗礼**推迟到弥留之际，至少是到了他们成熟时再受洗，因为这时他们不会再犯年轻时会犯的罪。中世纪早期的几位神学家提到这种做法时忧心忡忡。[5] 还有一些文献可以证明，临终之际才进行最终补赎的做法越来越普遍，先是在罗马，后来蔓延到高卢。[6] 当时，补赎礼和洗礼都是公开而庄重的仪式：补赎者在主教和会众面前当众认罪。

这种不可重复的补赎造成了各种难题。它使补赎者在犯罪与当众补赎而罪得赦免之间的漫长岁月里无法参与教会的侍奉。此外，补赎是非常庄重的仪式，终生只能进行一次。因此，补赎一般只限于看似最严重的罪，所以无法安慰无数的基督徒，因为他们日常生活中的经历是，即便在受洗之后，他们时不时还会犯下一些看似很轻的罪。由于这些原因，另一种补赎渐渐发展起来。这种补赎可能最早出现在修道院中，只在修道士中进行。新形式的补赎没那么庄重，其基础是个人私下认罪，而且可以依据需要重复进行。新形式的补赎于公元 6 世纪左右最先出现在爱尔兰和大不列颠，又从这里传到西方的其他基督教国家。新形式的补赎不到两百年便已广为流传，这通常不符合体制教会的意愿，因为体制教会坚持进行古老且较为正式的补赎。[7] 这就是个人补赎的起源，而这种做法在一些西方教会一直延用至今，特别是在罗马天主教中。

这又带来了其他需求。如果补赎只能进行一次，主要是补赎最严重的罪，或补赎洗礼之后全部的罪，便不必为了强行进行充分的赎罪而细致区分各种罪。但是，补赎成为经常性的行为，人们所认的罪在严重程度上似乎并不相同。要求杀人犯和说谎者进行一样的补赎似乎并不公平，特别是从强调律法的第一类神学的角度来看。即使对于说谎者，我们还要考虑环境和犯罪动机。善意的谎言可能是为了让别人避免遭受过多的

---

[5] 阿尔勒的该撒里乌斯（Caesarius of Aries）(in PL as Pseudo-Augustine), *Serm*.256; 257.3. Isidore of Seville, *De off.* 2.9. 另一方面参 Caesarius, *Serm*.249.6; 258.2。
[6] E. Amman, "penitence: Les Ve et Vie siècles," DTC, 12:835–36.
[7] 例如，参公元 589 年托莱多会议（Council of Teledo）的决议："我们注意到，在西班牙的某些教会中，那些为自己的罪进行补赎的信徒不是依据教会的教规，而是依据他们自己错误的方法。因此，只要他们犯罪，便只到神父那里寻求和好。为了杜绝这种恶劣的傲慢行径，神圣议会命令教会按照古人的教规进行补赎。"(PL, 34:353)。

痛苦，而某些谎言只是为了说谎者自己的利益，二者似乎有着天壤之别。

在这种情况下，一套系统的文献应运而生，即"补赎书"，其目的是指导牧者如何主持信徒认罪并进行惩罚。补赎书对各种罪做出极为细致的描述与分类，所以极好地再现了信徒当时的信仰生活。[8]

尽管个人补赎在中世纪最初几百年相对普遍，但这种做法很久以后才被教会认定为圣礼。1215年的第四次拉特兰大公会议（the Fourth Lateran Council）第一次立法规定信徒当参加这项圣礼从中受益。[9] 补赎书从而更加广为流传，对信徒心理上的洞悉也更为深刻。[10]

在第一类神学的框架内，条理清晰的律法十分重要。因此，洗礼的赦罪完全不同于补赎的赦罪。洗礼的赦罪是教会白白赐下的，而补赎的赦罪需要罪人自行赎罪。因此，由教会来决定如何惩罚希望通过补赎来赎罪的信徒，这很快便成为负责补赎的牧者主要的教牧职责之一。从理论上讲，忏悔者需要经受惩罚，这是赦免所告解的罪当应得的。

然而，一旦教会这样提出赦罪的问题，一系列难题接踵而至。一些去世的信徒还没能补赎所犯下的全部罪。这些罪可能不是"必死的罪"，只是"可赎的小罪"（Venial），因为第一类神学要求教会必须按照严重程度来为罪分类，好像为刑事犯罪量刑一样。不管怎样，这些信徒并非死不悔改的人，而是想要赎罪却至死都没有机会彻底赎罪的人。从某种程度上讲，炼狱（purgatory）这个教义的形成便是为了解决这一难题。

第二个难题是：即便信徒希望补赎所犯的全部罪，通常也是不可能的。罪有很多，信徒在努力偿还旧罪时，又不断犯下新罪。这一难题促成了"功德库"（treasury of merits）这个教义。现在，我们就来依次阐释炼狱和功德库这两个教义。

炼狱这个教义诞生于西方基督教，是第一类神学的典型教义。虽然

---

[8] 参 G. LeBas, "Pénitentiels," *DTC*, 12:1160–79。
[9] 教规第21条："所有男女信徒，一旦到了责任能力年龄，每年至少要向神父认罪一次，尽力完成教会所要求的补赎，至少要在复活节敬虔地领受圣餐，除非他们的神父有充分的理由推迟他们参加这项圣礼。不遵守规定的信徒将被逐出教会；教会在他们去世时也将不准予基督徒的葬礼。"
[10] 参 Mary Flowers Braswell, *The Medieval Sinner: Characterization and Confession in the Literature of the English Middle Ages* (London: Associated University Presses, 1983)。

奥利金确实说过"炼净之火"（purifying fire），但他的意思不是后来的西方神学家所理解的炼狱。亚历山大学派的奥利金的意思是，根本不存在永恒地狱这种地方；《圣经》似乎提到了永恒地狱，但经文的意思其实是指一种净化，堕落的灵必须先进行净化，然后才能重新默想独一的上帝。这种观念完全符合奥利金的神学，却与西方教会的炼狱教义截然不同。

西方教会的神学基于第一类神学，而第一类神学的主要范畴是律法与道德秩序。在第一类神学的框架内，罪是我们向上帝欠下的债。洗礼洗去我们以前犯下的所有罪，仅此而已。照此理解，信徒受洗之后所犯的罪可以被赦免，但信徒只能依靠所规定的补赎赎罪。由于这一前提，生前未能彻底赎罪的敬虔基督徒，他们的最终命运便至关重要。如果宣称他们受到永罚，便是在暗示只有极少数信徒才能得救。另一方面，如果声称他们直接进入永恒的荣耀，就是在暗示他们其实没有必要赎罪。因此，教会需要设定一个地方，信徒在那里因还未补赎的罪受罚，但那惩罚不是永恒的，而是暂时的。炼狱便是这种地方。奥古斯丁勉为其难地提出炼狱这个教义，[11] 而大格列高利却明确肯定炼狱的教义。[12] 到了1274 年的第二次里昂大公会议（the Second Council of Lyon），炼狱的教义已经流传甚广，并最终被确定为教会的正式教条。[13]

从此神学视角衍生出的另一个教义是功德库。如果把得救理解为一个我们向上帝还债的过程——这是第一类神学的特有看法——善功（merits）便特别重要。如果没有善功，我们不可能得救，除非发生极其罕见的事：信徒在受洗之后立刻去世了，即便在受洗之后没有犯罪，但这种信徒也是依靠基督的善功得救的。

尽管许多基督徒非常敬虔，真心希望赎罪，但他们显然不能彻底补赎所犯下的一切罪。就这一点而言，重要的是教会有一个由众圣徒和耶稣基督积存的功德库。功德库这个教义于 13 世纪发展出其经典形式，赢得此后所有正统经院神学家的支持。根据这个教义，功德库由教会来

---

[11] *De civ. Del* 21.13, 24, 26; *De Gem. contra Manich.* 20.30.
[12] *Dial.* 4.39,55; *Moral.* 15.29.
[13] 炼狱的教义是东西方教会在大公会议时代争论的焦点之一。西方教会坚持己见，强迫东方教会妥协，而东方教会由于政治原因默许了。在大公会议的决议中，

管理，教会可以把功德库里的功德分给尚未为自己彻底赎罪的基督徒。

虽然功德库这一教义看似简单粗糙，但我们不应当忘记，这个教义在第一类神学的框架内发挥了重要的牧养作用。根据功德库的教义，普通基督徒绝非圣徒，但若相信只有还清欠下的罪债才能得救，就仍有得救的盼望。我们还应当注意到，功德库让第一类神学把基督的功德用于信徒受洗后的生活中，从而在一定程度上纠正了第一类神学相对于第三类神学的一个重要缺陷。

功德库与赎罪券（indulgences）息息相关。它们都不是教会当局别出心裁的法令，而是从补赎制度中发展而来，其基础是上帝作为立法者或审判者的形象，罪是向上帝的神圣秩序欠下的债。从公元7世纪至10世纪的这段时间里，个人补赎越来越普遍，主持补赎的教士——即告解神父——经常遇到的情况是，补赎者由于各种原因而无法完成所规定的赎罪。在这种情况下，牧者会使用替代的方法，让补赎者进行更充分的赎罪。后来，由于这种做法与功德库的教义结合在一起，便出现了越来越极端的替代方法。例如，如果信徒不能去朝圣，他可以找别人替代他去，并支付这个替代者的花销。这种做法可能最早在爱尔兰被普遍接受，随后传到大不列颠，又于公元8、9世纪传入欧洲大陆。

到了公元9世纪末，补赎书的一个主要功能是指导如何进行这种代赎。这一趋势深入发展，以至乌尔班二世（Urban II）宣布发动第一次十字军东征（the First Crusade）时，他对响应号召的基督徒提供了"大赦"（plenary indulgence，其字面意义是"全体赎罪券"）。如果十字军战士去圣地同异教徒作战，"圣战"会替代他们所有亏欠的罪。1300年，卜尼法斯八世（Boniface VIII）大赦了所有到罗马庆祝禧年的朝圣者，即向这些朝圣者发放了"全体赎罪券"。

当时，赎罪券已经大大失去了最初的代赎性，而是更具有赦罪性；教会依仗教会的功德库而发放赎罪券。[14] 后来，教会开始通过发放赎罪券来取换各种礼物，这最终演变成兜售赎罪券，而兜售赎罪券正是16

炼狱之火被称为"炼净之火"或"代赎之火"。"代赎"体现出西方教会普遍接受的观点，而"炼净"是根据奥利金的教义来解释的。

[14] 例如，Albertus Magnus, *In IV Sent*. 4.2.16。

世纪的改教家所抗议的。因此,在西方教会占据主导地位的第一类神学对补赎制度的发展和对西方基督教的整个历史都产生了深远影响。

举行圣餐是西方基督教赎罪的另一种方法。教会很早便认为,圣餐与救恩息息相关。但是,最早的基督教神学家从未宣称圣餐给予善功,特别是当时占据主导地位的第三类神学没有善功的观念,这是后期才占主导地位的观念。初期神学家更愿意说圣餐使我们与基督合一,我们通过圣餐得到基督的喂养,从而分享基督的生命。

在中世纪,教会习惯上把圣餐说成重复基督的献祭,通过圣餐,在场与不在场的信徒,包括去世的信徒,都可以分享基督的重复献祭所赢得的功德。这种观念出现在大格列高利的著作中,[15] 并成了为死者举行弥撒的依据,而为死者举行弥撒是罗马天主教数百年来的一贯做法。

当时基督的工作完全以十字架为中心,基督在十字架上补赎全人类的罪。因此,起初为了庆祝耶稣的复活与即将来临的上帝之国的圣餐,如今却越来越像葬礼。虽然圣餐通常在周日举行,即耶稣复活的日子,但圣餐的氛围更适合受难日,即耶稣被钉死在十字架上的日子。

我们在本章中反复提到**赎罪**,即第一类神学特有的主题之一。第一位在补赎的背景中使用赎罪一词的神学家是德尔图良,[16] 从此以后,"赎罪"便成为西方神学在处理罪与赦罪时的独特主题之一。

尽管德尔图良没有说过基督的工作是赎罪,但这种观念于公元 4 世纪出现在米兰的安布罗斯(Ambrose of Milan)[17] 和普瓦蒂埃的奚拉里(Hilary of Poitiers)的著作中,[18] 并成为西方神学家论述救恩的典型方式。我们本该自己赎罪,却没有能力赎罪;耶稣已经为我们赎罪。

对于把基督的工作理解为替人类赎罪,坎特伯雷的安瑟伦(Anselm of Canterbury)有过最经典的论述。这是安瑟伦在《上帝为何化身为人?》

---

[15] 这可以在修道士查斯图斯(Justus)的故事中看出。查斯图斯因为拥有私人财产而受到格列高利的定罪。查斯图斯去世之后,格列高利的态度缓和了,下令为他的灵魂举行了三十次弥撒。根据格列高利的记载,查斯图斯告诉一名修道士他如今已经从炼狱中出来,得到进入天堂的许可。*Dial.*6.55. 从此以后,为死人举行的弥撒有时被称为"格列高利弥撒"。

[16] *De Pat.* 13; *De cult. fem.*1.1.

[17] *De fug. saec.*7.44.

[18] *Comm. in* Ps. 53.12;129.9.

(*Cur Deus Homos?*)中的主要观点。安瑟伦说:"赎罪只能由上帝赐予,赎罪只应当由人进行,赎罪必须由一位'神人'(a God human)进行。"[19] 安瑟伦认为,罪行的严重程度取决于被冒犯的对象,荣耀的高低程度取决于赐荣耀的人。这是日耳曼法的一项原则,被安瑟伦适用于神学讨论;这又是一个第一类神学按照当时的社会制度来解释福音的例子。根据这项原则,对上帝犯下的罪必然是无比重大的。[20] 罪的无限性与行为本身无关,而是按照触犯对象上帝的至高权威来衡量的。换句话说,任何罪,甚至看似最轻的罪,都是无限的,因为罪是对上帝至高的神圣权威犯下的。

另一方面,人所能进行的任何赎罪,都是根据赎罪者来衡量的,没有任何有限的人能够向上帝赎罪,因为罪是无限的,而人是有限的。此外,我们已经向上帝欠下债,因为我们本该随时行善,却没能随时行善(请注意:这里再次出现"债与义务"的说法),因此,我们永远都不能还清过去的罪。那么,人类如何向上帝赎罪呢?

安瑟伦的答案闻名遐迩:既然必须由人来赎罪,赎罪又必然是无限的,那么,惟一可行的办法便是必须由一个无限的人来赎罪,这就是道成肉身的原因。作为人,耶稣向上帝进行人的赎罪;作为神,耶稣向上帝进行无限的赎罪。

对基督的工作的这种理解,在稍加改动之后在西方神学中十分普遍,以至天主教徒和新教徒都相信这是惟一正确的救恩论,或最符合《圣经》的救恩论。

事实上,这种救恩论直到相对近代才出现在基督教思想史中;即便彼时,这种救恩论也不是在没有任何异议的情况下便被接受。在第二类神学中,耶稣超越了所有的教师、榜样和光照者。在第三类神学中,耶稣是恶势力的征服者,是带给人类无限可能性的解放者。重要的是,甚至第一类神学的神学家过了很久才普遍接受耶稣的工作为赎罪的救恩论,因为最为广泛接受的救恩论仍把耶稣视为得胜者和解放者。但是,"耶稣为代赎者"的救恩论无疑完全符合第一类神学,因而必然迟早都

---

[19] 2.6.
[20] 这又是一个例子,说明第一类神学里(强调人类的困境在于我们欠上帝的债)掺入了第二类神学的一些要素(强调无限的上帝与有限的人类之间的差异)。结果,这使第一类神学变得更为沉重。

会出现。

并非中世纪的所有西方神学家都赞同第一类神学逐渐成为中世纪的主导神学。许多人——通常是学者——都觉得第一类神学过于注重律法，太过于死板落后。在这个方面，值得注意的是，当反对的声音出现时，他们便求助于第二类神学，而不是常常被遗忘的第三类神学。为了说明这种现象，我们只需简单讲讲对第一类正统神学的两种反应。他们是约翰·斯科图斯·埃里金纳（John Scotus Erigena）和彼得·阿伯拉尔（Peter Abelard）。他们都接受第二类神学所提供的选择，尽管他们极为不同，却都可以说明第二类神学在中世纪的发展。

埃里金纳是爱尔兰当地人。[21] 当时，爱尔兰是学术中心，依然保留着古希腊的知识与学术，和西方其他基督教国家所遗弃的基督教古老传统。埃里金纳可能是应秃头查理（Charles the Bald）的邀请才于公元9世纪中叶来到法兰克王国。埃里金纳把几部希腊文著作译为拉丁文，包括伪迪奥尼修斯（Pseudo-Dionysius）的著作。埃里金纳成为知名的学者，他可能有少数追随者，但绝大多数人不愿接受他的全部教导。

埃里金纳可以说是公元9世纪的奥利金，因为埃里金纳庞大的神学体系的灵感来自柏拉图传统。埃里金纳把第二类神学发展到极端，以致宣称《圣经》是为思维简单的人而写；正是这个原因，《圣经》才通过隐喻说话。[22] 智慧人明白《圣经》其实是在讲更高级的实在。例如，《圣经》说到上帝的爱、怜悯和愤怒，这些不只是一系列隐喻。事实上，上帝不可言说，因为神圣的实在是人类难以理解或描述的。

埃里金纳在其主要著作《论本质的区分》（On the Division of Nature）中声称，本质——即一切实在——以四种形态出现：能创造而非受造的本质，即上帝；能创造又受造的本质，即柏拉图传统的理念或原始因；受造而不能创造的本质，即我们通常所说的受造物；不能创造又非受造的本质，即另一种描述上帝的方法：上帝此时不是造物主，而是所有实在的终极目标。

埃里金纳认为，世界是"从无中"创造而来：不是说世界是从真空

---

[21] *History*, 2:130–37.
[22] *De div. nat.* 1.26.

中创造的，而是从上帝中创造的，因为上帝的存在绝不是人类的语言所能描述的，也不是人类的思想所能理解的，以至我们可以把上帝的存在恰当地称为"无"（nothing）。因此，受造物不仅是**被**上帝创造的，也**来自**上帝。这种理论非常接近泛神论，这是埃里金纳的追随者极少、他的神学最终被定位异端的原因之一。

本质的第三种形态——即我们通常所说的受造物——其实是纯粹的灵。所有的存在者都是非物质的，因为肉体只是一群非物质实体的汇集（constellation）。此外，所有受造物终将回归上帝，即受造物的源头和终点。至于地狱，只是一个隐喻被用来说明罪人良心中的痛苦？

在后来的几百年中，埃里金纳的著作相对频繁地被阅读和引用，但他没有追随者。埃里金纳的教义和理论说明他有超凡的智力，却与当时——或任何时代——教会所持守的信仰大相径庭。在这一点上，埃里金纳样很像奥利金，因为奥利金也有众多读者和一些追随者，却几乎没有学生。不管怎样，埃里金纳的神学体系是一个反抗第一类神学僵化的律法主义的例子，可以说明本书的论点：当西方神学家想要寻找第一类神学的替代品时，他们通常会接受第二类神学所提供的选择。

非常有趣的是，埃里金纳对其后数百年的基督教神学的最大影响，不在于他自己的著作，而是他所翻译的伪迪奥尼修斯的著作。[23] 这些著作据说是保罗的门徒迪奥尼修斯所写，其实却是很久以后的作品，深受新柏拉图主义和新柏拉图派神秘主义的影响。伪迪奥尼修斯著作同新柏拉图主义一脉相承，其宇宙观和教会观都是严格的等级制。重要的是，西方神学家相信伪迪奥尼修斯著作是亲自跟随过保罗的门徒所写，赋予其至上的权威；但是，西方神学家却从第一类神学的角度来解读伪迪奥尼修斯著作。因此，伪迪奥尼修斯对西方中世纪神学最重要的贡献在于他等级森严的实在观；这等级森严的实在观被用来巩固社会与教会的等级制度。

从某种程度上讲，阿伯拉尔和埃里金纳的思想具有相似的驱动力。阿伯拉尔同样对当时的神学不满；他所提供的选择也同第二类神学的基本思路一脉相承，尽管内容却与奥利金和埃里根纳大相径庭。阿伯拉尔

---

[23] *History*, 2:93–96.

与爱洛依丝（Heloise）的浪漫史让他死后青史留名，而他生前却因敏锐的思维闻名于世。阿伯拉尔似乎非常享受揭露老师的缺陷所带来的乐趣，而他的几位老师最终也享受到向他复仇的喜悦。对于阿伯拉尔来说，理性是人类最崇高的能力，所以他致力于培养理性。结果，教会最有权势的几位领袖指控阿伯拉尔是异端，从而造成了阿伯拉尔所谓的《苦难史》（*History of Calamities*）。

我们无需赘述阿伯拉尔的全部神学，其中一些要素便足以说明问题：阿伯拉尔在回应第一类神学时求助了第二类神学。[24]

第一个要素是阿伯拉尔的神学方法。阿伯拉尔同奥利金和第二类神学的其他倡导者一样，都想发展一种理性神学；因此，阿伯拉尔受到的指控是过于理性。在《是与否》（*Yes and No*）中，阿伯拉尔收集了《圣经》和初期基督教作家所谓的权威语录，以证明对于如何解答某些特定问题，这些权威语录存在分歧。这种方法的目的可能是要证明，要想调和这些分歧巨大的权威语录，我们需要诉诸于理性和逻辑。

当时，西欧还未重新发现亚里士多德的形而上学。但是，阿伯拉尔出色地掌握了亚里士多德的逻辑学。因此，阿伯拉尔一再挫败自己的老师，让他们蒙羞。同样是亚里士多德的逻辑学让阿伯拉尔得到共相问题的答案，而他的答案完全符合亚里士多德的形而上学。因此，指责阿伯拉尔过于理性的一些人，其实是不安于他把一种不同的哲学方法引入神学——这种哲学方法还未像奥古斯丁的柏拉图主义那样被引入正统神学的框架中。

第二，在处理伦理学时，阿伯拉尔反对当时的律法主义；阿伯拉尔强调意图比行为和结果更重要。

第三，至于基督的工作，阿伯拉尔不仅否定安瑟伦的理论，还反对一个更早的理论，即基督是得胜恶势力的人。阿伯拉尔认为，基督言传身教，他既是我们的榜样，又是我们的教师。救主耶稣基督的目的是，通过向我们彰显上帝对我们的爱，让我们能重燃对造物主的爱。并非安瑟伦所认为的那样，上帝需要我们与他和好，或上帝需要我们赎罪，而是我们需要别人的提醒，让我们不要忘记上帝的爱。对基督的工作的这

---

[24] 同上，2:167–74。

种理解，其实是在历经数百年后重新回到亚历山大学派的主要思路。其实教会并未将其全盘否定，毕竟教会一直强调基督的确是榜样和教师，只是教会认定这种理解不够充分。许多人反对的是，阿伯拉尔忽略了基督工作的客观的价值或效力。第二类神学的主要特征之一，正是倾向于把基督的工作归纳为教师、榜样和光照者的工作。因此——当然还有其他原因——阿伯拉尔才受到当时教会的定罪。

在阿伯拉尔去世一段时间之后，中世纪的经院神学家开始使用一种受到他的《是与否》一定启发的神学方法。他们先提出一个问题，然后引用——或邀请别人引用——具有对立性的权威解释，通过这种方法得出的最终结论不但解决了问题，还回应了所引用的权威给出的对立解释。此外，随着亚里士多德的著作和哲学于13世纪涌入欧洲，许多伟大的经院神学家的哲学立场同阿伯拉尔极为相似，如关于共相的问题；他们当中的一些人同样受到过于理性的指控。

托马斯·阿奎那（Thomas Aquinas）最终成为自奥古斯丁之后最具影响力的西方神学家，甚至他都被冷眼相看，在人们广泛接受他的权威之前，他的某些观点同样受到谴责。阿奎那最终被公认为正统神学的伟大倡导者，这可能是因为他将重新传入西欧的亚里士多德哲学与从奥古斯丁及其继任者们那里继承而来的修正后的第一类神学进行调和。因此，尽管阿奎那引入一种新方法来理解宇宙的本质和哲学与神学的关系，但他没有质疑西方神学中传统的第一类神学。

这一切似乎可以证实我们的论点：在上帝论和灵魂论等领域，奥古斯丁和其他神学家引入第二类神学的要素；除此之外，第一类神学主导了中世纪的神学；而想要摆脱第一类神学的神学家通常都会求助于第二类神学。

第八章 宗教改革及之后

路德的属灵朝圣之旅闻名于世。[1] 他的重大发现——即因信称义——经常被视为新教改教的起点。但是，如果我们按照本书所探讨的三类神学来看 16 世纪的事件，便会明确看出路德的问题在很大程度上仍是在第一类神学的框架内提出的。

路德专注于罪得赦免。他努力通过认罪与补赎来赎罪，这是第一类神学对基督教的独特理解。他的努力难以让自己得到所寻求的平安与确据，这位未来的改教家陷入深深的绝望，这点也同样极具代表性。如果救恩的基础在于消除我们向上帝欠下的债，我们便总会怀疑自己是否彻底还清了债。正是由于这个原因，中世纪的教会才不得不为信徒提供各种确据，否则基督徒将永远过着疑惑与痛苦的生活。赎罪券、功德库和炼狱都是用来减轻信徒疑惑的痛苦的途径，让善功不足的信徒仍有得救的盼望。但是，在路德那个时代，教会的权威开始衰弱。不是路德毁掉了教会的权威，而是教会权威的衰弱迫使路德另寻得救之路。神秘主义是路德一度尝试的方法，许多基督徒的确通过神秘主义找到了得救的答案。在路德尝试的所有方法都失败之后，他才踏上因信称义这条无人涉

---

[1] *History*, 3:29–34.

足的道路。

经常有人说因信称义的发现催生了新教改革。从某种程度上讲，路德所发现的是，第一类神学对《圣经》的理解是不充分的。福音并不会栖身于某种我们赎罪的新方法。相反，福音是好消息：我们无需赎罪，上帝宣布我们为义，我们罪得赦免。然而，对于这些问题，路德仍是在第一类神学的框架内进行思考。问题仍然是：人类没有遵守上帝的命令，人类的一大问题是因为这种悖逆所欠下的债。虽然路德发现债已被免除，但他仍从"债与还债"的角度来理解问题。

另一方面，路德之前的发现——即罪不只是向上帝欠下的债——促成了他的教义因信称义。他的灵性朝圣之旅让他相信罪是一种束缚，人类只依靠自己的意志是无法挣脱的。路德宣称魔鬼的权势凌驾于人的意志之上，这种说法会让我们想到爱任纽对这个问题的诸多看法。[2] 路德自身的经历让他相信，与其说人的问题是向上帝欠下的债，不如说我们被罪与恶的权势所捆绑。因此，尽管路德的出发点是寻求罪得赦免，消除自己向上帝欠下的债，但他在争战中发现问题要深刻得多，因为意志甚至被撒但（the Evil One）所束缚，以致人不能依靠自己的意志与上帝和好。

这是路德的预定论的基础，而他的预定论导致他与伊拉斯谟（Erasmus）分道扬镳。[3] 伊拉斯谟相信，基督教是一套赏罚分明的道德体系，这要求人类是自主的。在伊拉斯谟看来，路德的教义——即罪人是撒但的奴役——威胁到基督徒的生活，以及基督教的整套道德体系。另一方面，路德知道罪不只是我们所选择的恶行、所心怀的恶念。罪是一种奴役，要想获得自由，只能借助一种比我们自己、比奴役我们的"主"更强大的力量介入。路德的这种思想与爱任纽的有所不同，因为他们前后相差数百年，但他们的思想都是第三类神学所特有的。

路德以同样的方法来理解基督的工作。尽管他在著作中频繁提到当时普遍接受的教义，即耶稣是为我们的罪付上的赎价，但他的确把耶稣

---

[2] "靠着上帝的恩典，我学到了许多关于撒但的事情。" 阿尔特豪斯（Paul Althaus）的引用，Paul Althaus, *The Theology of Martin Luther* (Philadelphia: Fortress, 1966). P. 162。

[3] *History*, 3:55–57.

视为得胜者：耶稣把我们从奴役我们的势力中解救出来。[4]

路德对上帝的道的理解，带领他回归第三类神学。[5] 在路德的理解中，"上帝的道"不是一部关于规则的书，里面写满要求信徒必须遵守的规则和教义——这是第一类神学的理解；"上帝的道"也不是一系列指向永恒不变之真理的象征和隐喻——这是第二类神学的理解。"上帝的道"正是进行创造与拯救的上帝。当上帝说话时，上帝的道就是上帝的行动，正如我们在《创世记》和《约翰福音》的序言中所读到的："上帝说，'要有'……就有了"；"万物都是藉着他（上帝的道）造的。"上帝的道不只是提供信息；上帝的道是一种能力，能够创造新的实在。耶稣是上帝的道，因为上帝藉着耶稣说话，透过耶稣施展作为；耶稣是上帝，所以为了我们的救恩而行动。《圣经》是上帝的道——不是因为《圣经》是绝无谬误的法规或哲学真理的手册，而是因为我们在《圣经》中遇见耶稣，即上帝的永生的道。正是这个道战胜了恶的权势。因此，上帝的道是上帝施行拯救的作为。

至于路德对洗礼的理解，他同样复兴了第三类神学的一些要素。对于这位改教家来说，洗礼不只是基督徒新生命的开始，或洗净信徒以前所有的罪；洗礼标志着一个完整的基督徒生命的诞生。[6] 洗礼同称义一样，都不只是简单地发生在过去的某件事，然后我们被遗留下自己照顾自己。洗礼终生有效，因为我们在洗礼时与基督同死同复活。如果只认识到洗礼洗净了过去的罪，便还未理解洗礼的全部意义。基督徒之所以在人生的每一步都能战胜恶的势力，正是因为他们接受了洗礼。洗礼好像人的

---

[4] 关于这一点，比较：Althaus, Theology, pp. 203–223, and G. Aulén, *Christus Victor: An Historical study of the Three Main Types of the Idea of the Atonement* (New York: Macmillan, 1957), pp. 101, 122。

[5] 参 Jaroslav Pelikan, *Luther the Expositor: Introduction to the Reformer's Exegetical Writings* (saint Louis: Concordia, 1959), pp, 48–70。

[6] "因此，我们一定要当心他们；他们如此贬低洗礼的能力，以致认为虽然在洗礼中得到恩典，但后来因为罪又将恩典失去，我们必须通过另一种方式进入天堂，仿佛洗礼现已变得毫无用处……洗礼从未变得毫无用处，除非你绝望了，拒不接受救恩。或许你确实一度偏离这个记号，但这个记号并未因此变得毫无用处……因此，我们从未失去洗礼的记号，也从未失去它象征的事。诚然，我们需要一次次不断受洗，直到末日之时完全实现这个记号。" *The Babylonian Captivity of the Church* (*LW*, 36:69).

出生，对一生都是好的。当路德受到试探而要放弃上帝的应许和赦罪时，他便会说："我受洗了。"这一宣告帮助他战胜试探，因此，洗礼不但对过去有效，对现在同样有效。从这个角度来看，洗礼后的罪并不比洗礼前的罪造成更多问题，这一点同第一类神学对洗礼的看法形成了鲜明对比。

尽管如此，路德的历史观仍没有摆脱第一类神学。他把历史视为罪的产物。上帝不打算让亚当与夏娃永远保持他们受造时的样子，而是想把他们转移到天堂。如果没有罪，上帝会直接把他们送入天堂，完全不需要历史的介入。[7] 在这一点上，路德与爱任纽完全不同。

路德强调称义高于一切，[8] 这也说明路德仍留在第一类神学的框架内。路德只关心我们能否与上帝和好。至于和好意味着什么，或上帝计划中人类的成长是什么，路德几乎什么都没说。

上述两个要素共同造成了路德宗神学传统中最薄弱的环节，即难以有效解决政治方面的历史问题。即便做出最温和的解释，路德的两种国度论将国家无非视为对人类罪的补救或限制。[9] 这就意味着，对于基督徒参与政治生活，路德的许多神学标准都不适用。由于上帝的"公义"，仁慈的上帝才让我们因信称义，而上帝的"公义"却是"被动的义"或"被动的公义"）。[10] 由于这种简化，《圣经》所说的要求在人际关系中践行公义的上帝基本消失了。

因此，路德宗传统的教会自然难以解决本国具体的政治与公义问题。[11] 路德本人对政治事件的干涉是灾难性的，如德国农民战争和黑森的腓力（Philip of Hesse）的重婚。路德的神学根本不涉及历史的终极意义，因此，路德对所有情况的判断都不得不基于他最关心的事，即福音是因信与上帝和好的教义。

---

[7] 参 Catherine L. Gunsalus, *The Place of the Concept* felix culpa *in Christian Doctrine*. Dissertation, Boston University, 1965, pp. 88–90。

[8] "甚至关于称义这一条便能造就真神学家。" *The Disputation Concerning Justification* (*LW*, 34:157).

[9] *History*, 3:68–69.

[10] *Preface to the Latin Writings* (LW, 34:337).

[11] 最引人注目的例外是《巴门宣言》（*Barmen Declaration*），它既是路德宗的，也是改革宗的。

路德在一定程度上重新发现了第三类神学的某些要素，而这在其他改教家身上相对不明显。茨温利（Zwingli）[12]对人文主义和哲学兴趣浓厚，这使他倾向于第二类神学。特别是茨温利对预定的解释，预定不是因为人不可抗拒地经验到人所不配得到的上帝的恩典，反倒是上帝的全能与全知的必然结果。此外，茨温利同之前的第二类神学的神学家一样，主要从象征的角度来解释圣礼的意义。

相比于路德，加尔文（Calvin）更关心国家和政治关系。加尔文非常关心成圣，这使他的关注不仅局限于路德宗神学对其典型的称义教义的过度强调。[13]

然而，加尔文的根本神学观回归到路德所抛弃的第一类神学的诸多要素。我们不要忘记，加尔文早年接受过律师的教育。这些要素其中最显著的是代赎论，即基督的工作是代赎我们的罪。虽然路德不反对代赎论，但他强调基督战胜了罪与恶的权势，而加尔文回归到安瑟伦的救赎论。[14]因此，茨温利倾向于第二类神学，而加尔文常是持守第一类神学。[15]

在这个背景下，再洗礼派（Anabaptist）的传统特别值得我们思考。[16]尽管再洗礼派的教义在许多细节上保留了第一类神学的传统观点，但他们的一些领袖重新发现了圣经信息的历史性。从某种程度上讲，这让他们对上帝的公义之国有了栩栩如生的末世盼望：穷人终将得到他们所应得的。重要的是，在16世纪，新耶路撒冷这一主题是再洗礼派的所有激进派教义都持有的。[17]在再洗礼派中，保守派批评激进派，因为激进派进行了在明斯特（Münster）的那种实验：激进派夺权，建立了日益古怪的神权统治。但是，激进的再洗礼派在《圣经》中重新发现的信息

---

[12] *History*, 3:70–85.
[13] 同上，3:53–58。
[14] *Inst.* 2.17, 4–5.
[15] 加尔文也有第三类神学的洞见，但加尔文主义者很快便失去了。最值得注意的或许是加尔文把圣餐与复活的主和上帝的国联系在一起。在这一点上，后来的大多数加尔文主义者回归到中世纪神学，强调十字架和悔罪。参*Inst.* 4.17. 29, 31–32。
[16] *History*. 3:86–98.
[17] 参 Ugo Gastaldi, *Storia dell'anabattismo dalle origini a Munster*, 152–1535 (Torino: Editrice Claudiana, 1972)，文中证明这个主题在欧洲各个地区相当独立地出现。

无疑早已被大多数人所遗忘或抛弃。我们还是不应当抛开当时的社会政治动机来理解这一点。许多再洗礼派之所以能够看到《圣经》对社会公义的要求，或许正是因为他们自己就在忍受极大的不公。路德宗、改革宗和罗马天主教的领袖之所以看不到，或许因为他们正在制造不公，或制造不公的制度支持他们。

路德宗和改革宗的后代神学家丢掉了许多路德——在较少程度上加尔文也是——所重新发现的第三类神学的要素。路德宗[18]——和加尔文主义[19]——的正统神学都把新教的重要主题（《圣经》的权威、因信称义、上帝在救恩上的神圣主动）置于第一类神学的体系中，尽管他们经常融入中世纪神学所接受的第二类神学的要素——即关于上帝与灵魂的神学。新教正统神学把《圣经》视为上帝的道，因为《圣经》没有谬误，提供了基督教教义的正确信息。[20] 因此，新教正统神学丢掉了路德睿智的洞见，即上帝的道是进行创造与拯救的行动。新教经院神学这个名称名副其实——不仅因为新教经院神学在方法上类似于中世纪的经院神学家，更是因为新教经院神学的基本轮廓遵循着在中世纪经院神学中占据主导地位的第一类神学。

对于17、18世纪的新教正统神学，以及同样死板的罗马天主教神学，兴起了两种截然不同的回应：理性主义（Rationalism）和敬虔主义（Pietism）。两场运动在许多方面是对立的，却都哀伤于死板的正统神学。它们都想另辟蹊径。

理性主义同几百年前的埃里金纳和阿伯拉尔一样，在第二类神学中找到了避难所。对于理性主义而言，重要的是发现永恒真理，即绝对不变、不受制于人类弱点的永恒真理。笛卡尔（Descartes）决定用数学方法来探寻永恒真理，这绝对不是巧合。[21] 数学真理同柏拉图主义者的不可言说者一样，永不改变。因此，二者都是普世的，都不容置疑。斯宾诺莎

---

[18] *History*. 3:248–265.
[19] 同上，3:279–68, 290–99。关于对圣经解释更深入的讨论，另参 Jack B. Rogers and Donald K. McKim, *The Authority and Interpretation of the Bible* (San Francisco: Harper & Row, 1979), pp.172–379。
[20] *History*. 3:261–263.
[21] 同上，3:321–26。

（Spinoza）和莱布尼兹（Leibniz）都属于这个传统，他们都从数学家转变为哲学家。[22] 鉴于这几位哲学家认识上帝——和其他所有实在——的方法，他们显然属于第二类神学的传统。

理性主义在大不列颠走上稍有不同的道路：大不列颠的理性主义没有采用笛卡尔哲学（Cartesianism）的观念论（idealist）取向，而是洛克（Locke）的经验主义。[23] 理性主义最终促成自然神论（Deism）。[24] 自然神论倡导"自然宗教"的真理：存在一位至高存在者，灵魂是不朽的，死后有赏罚。自然神论者认为，任何自称基于启示的宗教都是纯粹的迷信。只要基督教教义基于理性，而不是在历史上某时某地被赐予某群人的启示，自然神论者便愿意接受。换句话说，自然神论者认为，我们应当在自然理性所能发现的普遍存在的资料中发现真理，而不是在历史事件中。这又是一个很好的例子：反对僵化的第一类神学的人求助于第二类神学；结果，基督教——和犹太教——的历史要素便被抛弃或否定。[25]

敬虔主义是对死板的新教正统神学（和理性主义的理智主义）的另一种回应。[26] 敬虔主义主要是在德国的路德宗成员中发展起来的。敬虔主义坚持认为，基督教信仰不只是新教经院神学的复杂教义或理性主义者的自然宗教。敬虔主义对崇拜有一种新的理解：崇拜使信徒与耶稣基督联合。这样来理解崇拜是第三类神学的一个要素。但是，敬虔主义特

---

[22] 同上，3:328–32。
[23] 同上，3:332–35。
[24] 同上，3:335–38。
[25] 关于这个问题，我们最好指出，许多自然神论者声称，真正的基督教与普世的自然宗教是一致的，犹太教是一种迷信，因为犹太教强调一个特殊民族的历史非常重要。在这一点上，这些自然神论者追随康德，在《单纯理性限度内的宗教》（*Religion Within the Limits of Reason Alone*, New York: Harper & Brothers, 1960, pp. 116–17）中，康德宣称："显然，犹太人的信仰与一切都没有本质的联系；例如，与我们希望思考其历史的这一教会信仰根本没有概念上的统一……犹太教其实根本不是一个真正的宗教，只是一群人联合在一起，他们属于一群特定的家系，因此，他们组成一个在纯粹的政治律法之下的国家。犹太教完全没有开创一个满足普世教会之需要的时代，或在它的时代建立这个普世教会，因为犹太教其实把全人类都排除在犹太教的社群之外，理由是犹太人自认为是上帝为自己拣选的一群特殊选民，而（这种排他性）对其他所有民族都充满敌意，所以也招致所有人的敌意。"基督教与犹太教的这种对位，由于所谓的纯粹理性的考量，其实是反犹太人情绪高涨、犹太人饱受痛苦的根源。
[26] *History*. 3:302–306.

别强调个人信仰，以致损害到《圣经》的历史观，特别是后来的敬虔主义者常常把"敬虔"变成一系列行为规则，导致敬虔主义仍属于第一类神学范围。

在英格兰，随着卫斯理（Wesley）的运动兴起，[27] 敬虔主义有了稍微不同的形式。卫斯理保守的政治立场——当然不包括他反对奴隶制的著名立场——导致他不可能强调福音的历史性。卫斯理仍按照第一类神学的方式把福音解释为一种通过上帝的恩典得救的方法：上帝以基督的十字架为我们的罪付上赎价。

然而，卫斯理主义同德国的敬虔主义不同：卫斯理主义是在加尔文主义的传统中形成的，而敬虔主义是在路德宗的传统中发展起来的。除了对17世纪阿明尼乌争辩（Arminian Controversy）所提出的问题有着不同看法，[28] 卫斯理其实是尔文主义者。因此，卫斯理及其追随者们不只是强调称义的教义与经验——他们在这一点上同欧洲大陆的敬虔主义者不同；他们还坚持成圣。对于卫斯理本人和后来的整场运动来说，成圣绝不是个人性的；成圣还是社会性的、集体性的。[29] 因此，他们更接近第三类神学。我们不要忘记，卫斯理还是教父学者，他在研究初期基督教神学时发现了已被遗忘很久的睿智洞见。尽管如此，在循道宗（Methodism）的各个分支中，始终有一小部分人想要按照欧洲大陆敬虔主义的思路来重新解释循道宗，他们强调称义高于成圣，或个人的成圣高于卫斯理所说的"社会性"成圣。

19世纪，历史成为神学家和哲学家都非常关心的一个问题。要想理解这种转变，我们必须回到亚里士多德哲学再次传入西欧的13世纪。在此之前，柏拉图传统的知识论经过奥古斯丁的改进而成为一种光照的知识论。这种光照的知识论在基督教思想中占据主导地位，认为感觉和感知与真知识的关系不大，因而感觉所感知的事物，不论是自然还是历史，其价值都是有限的，智者不应当花时间研究这些问题。

然而，亚里士多德哲学于13世纪重新传入西欧，这让人们接触

---

[27] 同上，3:306–316。
[28] 同上，3:279–288。
[29] "基督教本质上是一种社会宗教……把基督教变成一种个人宗教便是毁灭它。" *Sermon* 24.5 (Works, 5:296).

到一种感觉在其中发挥重要作用的知识论。阿奎那的老师大阿尔伯特（Albert the Great）不仅撰写神学著作和哲学著作，还写过自然科学著作。这绝对不是巧合。从那时起，西方文明越来越认识到这个短暂的物质世界非常重要。科学技术自文艺复兴时期以来开始迅猛发展，这让人们意识到在时间中确实出现了新事物，所以历史不只是毫无意义地描述有着类似本质的事件。

到了19世纪，历史观令西方人着迷，以至黑格尔（Hegel）所提出的哲学体系以历史为核心。[30] 虽然黑格尔是唯心主义者，他仍认为历史是思想在宇宙精神中的展开，其他人很快便超越他，开始把历史当作一个重要的实在在其中上演的舞台来研究。卡尔·马克思（Karl Marx）许多思想的基础都是黑格尔哲学，他对历史及其终结的看法非常像古代犹太教和基督教的天启主义（apocalypticism）。（我们不要忘记马克思是犹太人。）由于各种其他原因，进化论今天仍遭受激烈辩论，但达尔文（Darwin）的进化论可以说是历史观的外延，历史不再只局限于人类事件，而被延及到生物学规律。

在神学研究中，历史观的影响体现在所诞生的圣经研究中的历史批判法。从事这种研究的学者包括鲍尔（F. C. Baur）和斯特劳斯（D. F. Strauss）等人。"教义史"这门学科也发展起来，其基本假设是教义的确在改变，反映出教义各自不同的历史处境。还有雅克·波舒哀（Jacques. F. W. Bossuet）、恩斯特·特洛尔奇（Ernst Troeltsch）和整个"宗教历史学派"（*Religionsgeschichtliche Schule*）的观点。[31]

在一定程度上由于这种历史研究的影响，许多学者渐渐相信传统神学——即第一类神学——的僵化的立场再也站不住脚，因此，他们纷纷转向自由主义（liberalism）。自由主义并非是对《圣经》进行历史研究的必然结果。但是，当这种研究在第二类神学静态的框架内进行时，自由主义确实极富吸引力。历史研究和"现代"的压力导致自由派神学家不可能继续坚持第一类神学对《圣经》的理解，所以他们转向第二类神学。他们在《圣经》所记载的历史进程中寻找永恒的、普世的、不变的真理。

---

[30] *History*. 3:362–364.
[31] *History*. 3:377–382.

尽管自由派神学家对于这种真理是什么存在分歧，但他们一致认为这种真理确实存在，基督教的本质就在其中。阿尔布雷特·利策尔（Albrecht Ritschl）想要在耶稣的道德教导和榜样中探寻这些永恒真理。[32] 特洛尔奇提出一种"宗教先验论"（religious *a priori*）。到了19世纪末，阿道夫·哈纳克（Adolf Harnack）把耶稣的教导概括为三大要点："第一，上帝的国及其降临。第二，圣父上帝与人类灵魂的无限价值。第三，更高的义与爱的诫命。"[33]

哈纳克不想误导别人相信我们应当复兴初期教会的末世期盼，因此，他是这样说的：

> 如果有人想明白上帝的国及其降临在耶稣的教导中到底是什么意思，就必须阅读并研究耶稣的比喻。这样，他才会明白。上帝的国降临，其方式是临到个人，进入人的灵魂，抓住人的灵魂。事实上，上帝的国是上帝的统治；但它是神圣的上帝在个人心中的统治；**上帝在掌权**。从这个角度来看，一切外在的、历史上的激动人心的事物都消失了；一切外在的对未来的盼望也消逝了……这不是天使与魔鬼、王位与王国的问题，而是上帝与灵魂、灵魂与他的上帝的问题。[34]

哈纳克——以及在他之前之后的许多人——在提出这种主张时都声称是在为"现代的"人代言。我们应当指出一个有趣的现象：正是在自由主义繁荣兴旺的那个世纪，基督教在全世界迅速赢得了信徒，但许多信徒觉得，哈纳克对基督教——和"现代性"——的看法十分惊人。

这恰恰说明了自由派神学的主要弱点。自由派神学的情况同第二类神学的其他各种神学一样：神学家自己对永恒真理的理解变成最终标准，甚至高于《圣经》。因此，大多数自由派神学家的结论当然会类似于当时自由派哲学家与政治家的结论。事实上，神学自由主义与政治自由主

---

[32] 同上，3:374–377。
[33] *What is Christianity?* (New York: Harper Torchbooks, 1957), p, 51. (First published in German in 1900.)
[34] 同上，p. 56。

义息息相关，因为政治自由主义是资产阶级的价值观与利益的社会表达，而神学自由主义是它们的宗教表达。

关于这一点，我们有必要说明**自由主义**的含义。自由主义已同近年来在美国政坛所使用的自由主义混淆了。从原意来看，经济自由主义和政治自由主义指自由企业与自由竞争，尽可能少的国家干预，会是理想的经济秩序，会为全世界带来繁荣。这便是所谓的"自由放任"（laissez faire），而这种立场今天在美国被称为"保守派"！这是新兴资产阶级所持守的观点，他们通常相信新兴的经济秩序是最好的，不但对他们，更是对所有人。这种观念不仅很快在控制着资本的人中蔓延开了，也在学术界和教会中迅速传播。

神学自由主义同政治自由主义和经济自由主义遥相呼应。它们都赞同的是：经济精英或知识精英知道什么对其他人最好，他们对社会的运行和福音的意义有着更清楚的理解。（这种精英主义非常像亚历山大学派神学家。亚历山大学派相信，只有被光照的人才能理解福音更深刻的真理。）因此，自由派神学家对福音的理解自然会完全符合新兴资产阶级的态度和目的。[35]

在一特定的点上，神学自由主义似乎一度超越自身社会起源的限制，这便是劳申布施（Rauschenbusch）所领导的社会福音运动（Social Gospel Movement）。劳申布施的神学认为，存在一种组织有序的恶势力。这种理解在当时的神学家看来非常罕见。对于当时的神学家，组织有序的恶势力这一概念让自由放任的理论受到质疑。劳申布施在纽约被称为"地狱厨房"（Hell's Kitchen）地区的经历，让他更深刻地理解到自由放任经济的阴暗面，使他从社会公义的角度看见上帝的国的异象。在这一点上，劳申布施再次发现早已被许多传统神学所遗忘的《圣经》的一个基本主题："他们（初期基督徒）盼望一种完全且彻底的改变；盼望即刻且灾难性的翻转；盼望权力的绝对转换：从统治者手中转移到受苦的受压迫者手中。除此之外还有其他可以被称作革命的吗？"[36]

---

[35] 参卡尔·巴特的评论：利策尔对基督徒生活的看法是"俾斯麦时代德意志民族自由资产阶级的高度缩影。" *From Rousseau to Ritschl* (London: SCM, 1959), p. 392. 还引自 *History*, 3:377。

[36] Walter Rauschenbusch, *Christianity and the Social Crisis* (New York: Macmillan,

不幸的是，后来参与社会福音运动的人却深受自由主义传统其他潮流的影响，从而对恶势力的理解非常天真，用资产阶级的眼光来理解上帝的国，而这些恰恰是劳申布施反对的。

自由主义遭到强烈反对。在新教神学中，最重要的反对来自基要主义（fundamentalism）。从本质上讲，基要主义只是重申第一类神学。重要的是，基要主义得名于他们的"基要信仰"（fundamentals）。当一群保守的基督徒于1895年聚在尼亚加拉大瀑布颁布五个基要信仰时，其中有两个是第一类神学特有的：圣经无误；耶稣的死是代赎性的（这是从为我们赎罪的角度来解释的[37]）。基要主义之所以还强调另外三个基要信仰，即童贞女生子，耶稣的肉身复活，以及耶稣即将再来，主要是因为这些都是许多自由派否定的；它们被用作圣经无误的试金石，却不是具有特殊意义的神学要点。

当时人们对童贞女生子有一种十分肤浅的理解；童贞女生子被简化为一种解释耶稣如何既为神又为人的生物学理论。复活同样显得空泛，因为复活被简化为证明耶稣是神、我们也将复活的证据。耶稣的再来常常与天国的公义毫不相干。因此，尽管基要主义自称回归符合《圣经》的信仰，但它其实把《圣经》的信仰变得简单肤浅，因为它像第一类神学经常做的那样，把《圣经》的信仰简化为一系列行为与信仰的准则。

类似进展同样发生在罗马天主教中，罗马天主教的正统神学受到历史研究的质疑和"现代主义者"诸多结论的挑战。但是，这一次不仅《圣经》受到挑战，还有教会的教义。事实上，如果真如历史学家所说，教义确实发展了，教会还能自称教会的教义正确无误吗？此外，相比于政治自由主义对新教的冲击，政治自由主义对罗马天主教的威胁更大。世俗国家的壮大、非宗教公共教育，以及其他体现自由主义理想的制度，都对教会的传统权威构成严重挑战。从政治上讲，这一威胁于1870年

1919), p. 108.

[37] "这是上帝之道与我们之标准的一个基本教义：基督为了满足上帝的公义、为了使我们与上帝和好而把自己作为祭物献上。" William Jennings Bryan, *Orthodox Christianity versus Modernism*, 引自 Fred Berthold, et al., *Basic Sources of the Judeo-Christian Tradition* (Englewood Cliffs, N. f.: Prentice-Hall, 1962), p. 408。

的事件中达到顶点：教宗失去了罗马和教宗国，它们被并入意大利王国。[38]

作为回应，罗马天主教坚守最严格的第一类神学，发展出日益僵化的权力体制。在教宗失去罗马的当年，第一次梵蒂冈会议（the First Vatican Council）颁布教宗无误（papal infallibility）的教义。第一次梵蒂冈会议和当时的教宗庇护九世（Pius IX）的一系列教令规定教宗具有绝对权威：教宗的权威不受历史研究的质疑，不会随着政治动荡而兴衰。天主教的"现代主义者"受到压制。有了这一举措，教会觉得已经解决自由主义的挑战。

随着我们进入 20 世纪，新教的基要主义和传统的天主教都有了各种发展，但各自的新发展显然仍属于第一类神学，而许多杰出的神学家开创了新形式的第二类神学。

在这些神学家中，保罗·蒂利希（Paul Tillich）和鲁道夫·布尔特曼（Rudolf Bultmann）特别值得我们关注。尽管他们的神学体系大相径庭，但他们完全属于第二类神学。因此，他们的神学可以用来说明第二类神学可能采取的多种形式和内容。

要想证明蒂利希属于第二类神学的传统，[39] 我们只需看看他的《基督教思想史》（History of Christian Thought）[40]。在他的《基督教思想史》中，伪迪奥尼修斯比托马斯·阿奎那占了更多篇幅；新柏拉图主义比德尔图良占了更多篇幅；爱任纽只被蒂利希一笔带过，仅被认为是一位反诺斯替派作家。蒂利希的著名的"关联法"（method of correlation）可以追溯到奥利金。他们的方法非常相似，但蒂利希的存在主义是亚历山大这位伟大的神学家完全陌生的。下述引文代表蒂利希典型的上帝论，会让我们想起新柏拉图主义者的不可言说者或埃里金纳的"超越一切本质"（beyond all essence）的存在者：

> *存在的根基不能在任何存在者内寻得；本质与存在的根基也不能参与从本质到存在的转变所特有的张力和分裂……上帝并不存在。上帝便是超越本质与存在的存在者自身。*

---

[38] 参 *History*, 2:296–97。
[39] *History*, 3:457–59。
[40] Ed. Carl E. Bratten (New York: Harper & Row, 1968).

> 因此，论证上帝存在便是否定上帝。[41]

同样，蒂利希常常把罪和人类的困境等同于有限与存在，把堕落说成"从本质到存在的转变"。[42] 这些都是第二类神学的特征。蒂利希对基督的工作的理解、他的末世论——假如他有末世论的话——等思想都具有第二类神学的特征。

虽然布尔特曼的神学同蒂利希的神学大相径庭，[43] 但布尔特曼的神学同样可以理解为第二类神学在当代的表达形式，只是布尔特曼的神学基于海德格尔（Heidegger）的存在主义，而不是新柏拉图主义。布尔特曼反对把基督的工作理解为"献祭与律法类比的混合，这在今天的我们看来再也站不住脚"。[44] 这清楚说明布尔特曼是在反对第一类神学传统的正统神学。但是，布尔特曼提出把《新约》"去神话化"（demythologized），这种解读经文的方法反映出海德格尔的存在主义，好像奥利金的解读方法反映出当时的新柏拉图主义。

因此，20世纪仍有第二类神学的各种形式，特别是在学术界。它们通常想要把基督教解释的更符合现代人的心态。

与此同时，有些人越来越重视第一类神学传统的正统神学。同基要主义和政治保守主义结合在一起的"宗教右派"（religious right）便是当代的第一类神学。它同样从道德规范的角度来理解基督教，而这种道德是个人性的，却不是社会性的或集体性的。"重生"是基督代赎我们的罪，我们尽力不再犯罪。"圣洁"（Holiness）成为这些人最关心的事，而"圣洁"被理解成个人道德，基本失去了"圣洁"在《圣经》中的含义，如神圣、圣约团体、创造的神圣等。

对于这种复兴有着诸多解释，我们应当肯定这些解释。但是，我们还应当思考一个事实：20世纪后半叶的美国类似于大格列高利时代的西欧，当时，第一类神学在西欧的主导地位被确立。我们已经讲过，罗马社会的许多传统观念中确定无疑的事物土崩瓦解，教会开始承担起维

---

[41] *Systematic Theology*, vol.1 (Chicago: University Press, 1951), p. 205.
[42] 同上，vol. 2 (Chicago: University Press, 1957), p. 29–44。
[43] *History*, 3:440–445.
[44] *Kerygma and Myth* (New York: Harper & Brothers, 1961), p. 35.

护法律与秩序的角色,提供新的确定性。这时,第一类神学特别有吸引力。

当美国不再相信许多传统观念中确定无疑的事物时,新型的第一类神学便盛行起来。美国曾是全球最富裕的国家,现在也成为债务国。在美国这个应许之地和富足之地,人们觉得不可能有穷人,贫穷会被最终消灭。但是,穷人现在越来越多。经历过20世纪50至60年代的巨变与希望,种族之间的关系再度紧张起来。城市的大部分区域变成恐惧的丛林,传统观念中确定无疑的事物和价值观土崩瓦解,好像过去的"野蛮人"入侵罗马帝国时的情况。有些人不再相信社会有能力保护他们,担心他们眼中的"野蛮人",他们开始为自己配备武器,对抗他们已感知到的恐惧,好像当时的人在罗马和平(*Pax romana*)不复存在后所做的那样。在这种环境下,很大一部分人自然会觉得重视律法与秩序的第一类神学特别有吸引力。

因此,第一类神学和第二类神学在20世纪依然存在,且开始复兴。倡导第二类神学的人指责反对者狭隘无知,而反对者却怀疑他们信仰的深度以及对福音的委身。这种情况在基督教思想史上经常发生。

如果从历史的角度来看,这种争辩并非是20世纪的神学最显著的特点。事实上,这只是重复与再现历史上的类似争辩。

20世纪的神学最显著的特点是:人们正在以不同的方式重新发现第三类神学所特有的观点与洞见。我们只有身处21世纪才能清楚认识到这一点。

第三部分 当代的意义

历经沧桑之后,第三类神学终于在 20 世纪迎来重要复兴。这可以在各种现象中看出:改革宗神学通过巴特的影响得以复兴,以伦德派神学为代表的路德宗内的新思潮,崇拜礼仪改革,第二次梵蒂冈会议和解放神学。尽管这些现象差异巨大,却有一个共同点:回归第三类神学。因此,20 世纪才可能出现多样的神学观,我们才可能看到第三类神学被重新发现。

如今,我们已经跨入新千年,现代性行将就木。第三类神学的复兴很可能会为教会创造出意想不到的可能性,甚至是一种新方法,帮助我们重新理解教会的大公性和基督教的合一,并复兴古人对这些的理解。

第九章 二十世纪的第三类神学

基要主义和自由主义目前的争辩和冲突，特别是在美国的，虽然占据着公众视的首要关注，但从长远的历史角度来看，我们的时代标志着三个更深入的进展，它们对教会生活具有更重要的意义。从宏观来看，三个进展标志着现代性的终结。

第一个重要进展是：历史上第一次出现一个普世的基督教会，不仅是神学上教会的自我认知，还是活生生存在的普世教会。20世纪初，绝大多数基督徒集中在欧洲和西半球。当时，在全球的所有基督徒中，大约有一半是欧洲人，4/5是白人。到了20世纪末，只有1/4的基督徒是欧洲人，绝大多数基督徒不是白人。[1] 尤其是，仅在几十年前，非洲与亚洲的大多数基督徒还生活在政治与教会的殖民主义之下。在拉丁美洲，众所周知，罗马天主教的势力弱小且发展缓慢；而新教的教会规模不大，所得到的支持和指导主要来自美国或欧洲。

这种状况在过去的60至70年间彻底改变了。教宗庇护十一世（Pius XI）于1926年祝圣了第一批中国主教。到了第二次梵蒂冈会议（the

---

[1] 关于这些与其他呈现出类似倾向的统计数据，参 David K. Barrett, ed., *World Christian Encyclopedia* (Nairobi: Oxford University Press, 1982), "global tables" No. 18 and 19。

Second Vatican Council, 1963–1965），只有 46% 的高级教士来自欧洲、加拿大和美国。早在 20 世纪初，所谓的"传教地"（mission lands）的绝大多数新教教会从组织上讲仍属于美国或英国的教会，而到了 20 世纪末，这些教会完全自治了。例如，在拉丁美洲，循道宗（Methodism）和长老会（Presbyterianism）许多自治的教会以前属于它们在美国的母会。此外，基督教在信徒数量上最大的增长出现在以前的"宣教"地区。

所发生的这一切都要归功于"传教运动"（missionary movement）的成功。在 19 世纪，欧洲和美国的新教传教士开始在全球的每一个国家建立教会。到了 19 世纪末，这项任务已经基本完成。正如传教史学家斯蒂芬·尼尔（Stephen Neil）所说："教会于 19 世纪经历了其漫长历史中最伟大的革命之一，尽管 19 世纪初的许多基督徒或许还没有意识到。基督教不再是西方的宗教；基督教已经成长为一个普世团契。"[2]

于 19 世纪开了一个好头的事业在 20 世纪上半叶完成了。在世纪之交，大多数"后起教会"（younger church）还只是母会的复制品；尽管本土的教会领袖正在成长，但许多关键职位仍由外籍人士担任。许多时候，后起教会被视为外国人在后起教会所在国的领地。

到了 20 世纪末，这一切都已彻底改变。后起教会所展现出的活力常常能与它们的母会媲美，甚至超过它们的母会。我当初写下这段文字时收到两份刊物：一份来自美国联合循道宗教会（The United Methodist Church），通知我们该宗派的信徒人数还在持续下降；另一份来自一间海外循道宗教会，却懊恼于信徒人数仅以每年 5% 的速度增长！与此同时，许多本土的新教教会已经在全球兴起，它们经常在信徒数量和发展速度上赶超过传统教会。

讽刺的是，当今在美国出现的一些运动希望复兴传教时代的荣耀，即让北美的传教士遍布全球。但是，如果像一百年前那样差派同样的传教士，去做同样的工作，便意味着任务仍未完成，但所有事实却证明此一环节已完成。传教运动**的确**已经成功了。正是因为传教运动的成功，在过去传教士所到过的几乎每一个国家，如今都存在强大的教会，我们

---

[2] In Stephen Neil, ed., *Twentieth Century Christianity* (New York: Doubleday, 1962), p.8.

才必须找到新的传教方法。

如果我们不能认识到这一点，坚持继续从事已经基本完成的工作，那只能说明三点：第一，我们显然并不相信以前的传教士真的已经完成了他们想要做的工作；第二，我们并不信任我们后起教会中的弟兄姐妹，觉得他们无法在自己的国家做好传教事工；第三，我们不一定是受到《圣经》的命令督促来传教，而是由民族和文化上的优越感而促使，认为我们必然是传授信仰的人，而别人永远是接受信仰的人。

简而言之，当我们思考 21 世纪的神学和教会生活时，必须首先考虑的重要事实是：当今存在一个真正意义的普世教会，在其中北大西洋的教会从绝对领袖的地位日益退让下来，变成全球宣教事工中的同工。

我们时代的第二个重要进展是：许多人所谓的"君士坦丁时代"已经终结。自从君士坦丁于公元 4 世纪归信基督教以来，教会普遍生存在有利的环境中，得到社会和国家的支持。当然，这种看法显然过于简单。在中世纪，许多基督徒生活在波斯帝国或穆斯林的统治之下，而不是基督教国家。宗教改革时期，虽然罗马天主教、路德宗和改革宗得到一些国家的保护，却也在某些国家受到迫害，而大多数国家都在迫害再洗礼派。不管哪个年代，不论何时何地，基督徒总要面对偏见。但是，通常来讲，基督教确实在历史上的大部分时间里都得到了强大的帝国与文化的支持。

事实上，自 16 世纪以来，国家与文化对教会的支持越为削弱；这一退化的态势到了 20 世纪更是前所未有。16 世纪，宗教改革造成这样一种局势：不同派别的基督徒力图寻求各个国家排他性的支持；这种情况在三十年战争（Thirty Years War）时达到顶点。到了 18 世纪末，法国与美国的革命动摇了传统的政教合一。19 世纪，教宗失去了作为世俗统治者的地位，教会最终只在小小的梵蒂冈城保住了权力。20 世纪初，俄国与墨西哥的革命彻底割裂了国家与教会的联系；后来，其他国家的革命也尾随其后。

虽然这个过程在美国不太明显，却的确发生了。政教分离并没有妨碍国家为教会提供各种重要的帮助，如免除宗教机构的税务，禁止酒精饮料，颁布蓝法（blue laws），允许师生在学校里祈祷等。总的来说，尽管美国的官方宗教不是基督教，但社会似乎提倡本质上属于基督教的价值观。现在，这种做法同时遭到美国的右派和左派的质疑：右派比如力争恢复在学校里的祈祷，而左派反对社会。中的不均等待遇。不管怎样，双方都非常清楚"基督教价值观"所要求的某项政策在政治舞台上不会再有太大的影响力。美国终已进入后君士坦丁时代。

不出所料，基督徒在应对这样的发展时产生了分歧。19世纪，大多数新教徒欢迎政治变革，而庇护九世所领导的罗马天主教却有着截然相反的态度。在《谬论举要》（Syllabus of Errors）中，庇护九世把自由民主制所倡导的一切几乎都列为谬论，如宗教自由、教政分离和公共教育。近年来，新教徒中也出现了分歧，有些喜迎新秩序，有些缅怀旧秩序，但更多的新教徒无所适从，茫然不知所措。

第三世界的许多教会出色地做好了应对新局势的准备，因为他们不属于正在瓦解的君士坦丁时代。尽管19世纪的传教运动确实与殖民主义密不可分，但它们的关系并未清晰。英国对印度次大陆的殖民兴趣日益浓厚，这也唤起了传教士对印度的兴趣。威廉·凯里（William Carey, 1761–1834）通常被誉为新教现代传教运动的莫基人。许多谋求印度前途的人之所以欢迎凯里及其传教士同工，很可能以为他们背后有英国东印度公司撑腰。但是，英国东印度公司认为，凯里和他的同工们制造了太多麻烦，甚至危害到公司的商业利益。正是由于这个原因，凯里最终选择在塞兰坡（Serampore）安营扎寨，因为塞兰坡不在英国东印度公司的管辖范围之内。

类似暧昧不清的状况在全世界都有。不管怎样，新生教会从殖民制度中所得到的一切道德或物质的支持，都被当地排斥教会新信徒的社会与文化传统抵消了。特别是随着民族主义兴起，各个殖民帝国垮台，许多后起教会的信徒知道自己的教会没有社会和政府的支持。他们还意识到殖民制度的支持是套在他们脖子上的枷锁，他们努力建设名副其实的本色化教会，摆脱殖民制度的支持。因此，在他们看来，后君士坦丁时代的终结没什么大不了的。

不论是在北大西洋传统的基督教国家，还是在非洲、亚洲和拉丁美洲的后起教会，上述状况让许多基督徒更同情、更理解最初几百年的教会。当时，教会没有——也不期望得到——国家的支持，甚至都没有公共舆论的支持。我们将会看到，这反而使这些基督徒更能接受初期教会和第三类神学的洞见。第三类神学是在同我们今天类似的处境中发展起来的，正是随着君士坦丁时代的兴起而衰落。

20 世纪第三个重要进展同我们刚刚探讨的内容密切相关，即北半球地区的威望正在衰落。19 世纪，当人们说到"白人男性的负担"是同世人分享基督教和西方文明的好处时，许多所谓的异教徒极不情愿地接受了这种主张。北大西洋地区的工业与军事技术已被证明远远强于世界其他地区，且一再羞辱中国和日本这些自豪的国家。在南美，就连玻利瓦尔（Bolivar）都如此仰慕英国，它曾想过把以前西班牙的殖民地交给英国监管。这可能是波利瓦尔想让这些前殖民地为进步与民主做好准备。凡是轮船和铁路所到之处，它们便会带来西方文明的奇迹，新的世界观，古老王国与老牌贵族的垮台，以及无限进步的美梦。

这种反应不只"落后的民族"才有，北大西洋地区的绝大多数人也有。他们显然希望进步会把人类带到一个史无前例的高度：一个富足、健康、和平、充满希望的黄金时代。一切皆有可能。

后来，幻想开始破灭。欧洲列强的殖民扩张主义导致海外再没有多少可供占领的土地，列强纷纷把注意力转向巴尔干半岛。在巴尔干半岛，日益衰弱的奥斯曼帝国（Ottoman Empire）正在分崩离析。列强的竞争引发一场史无前例的战争。这场战争的规模空前，破坏力巨大，以致历史学家第一次提到"世界大战"，即第一次世界大战。在人类历史上，全世界第一次几乎都被卷入战争。军民的伤亡难以置信，而这主要是北大西洋地区引以为傲的超凡科技造成的。毫不夸张地说，许多欧洲人开始觉得之前对未来的无限梦想至少是非常幼稚，或完全毫无根据。在世界其他地区，民族主义者的反殖民运动有了新动力，因为明显是他们完全陌生的问题造成了被殖民地无尽的苦难。

然而，战争很快便再次爆发。在短暂的、相对的和平过后，一场规模更大的战争爆发了。上一场世界大战现在被称为第一次世界大战，而新的战争被称为第二次世界大战。这个名称本身便很不吉利。它暗示这只是一个开始吗？还会爆发一系列破坏力越来越大的战争吗？第三次世界大战何时爆发？到了第二次世界大战末期，这个问题更加可怕：仅仅一次爆炸便差点把广岛和长崎这两座城市夷为平地。

第二次世界大战结束，冷战接踵而至。除了西欧和日本，很少有二战的参战国全力重建被战火毁掉的家园。从二战中崛起的两个超级大国——苏联和美国——反而开始一场史无前例的军备竞赛。若干年后，同新的毁灭性武器相比，曾经炸毁无数城市的炸弹像是玩具。很快，相互竞争的两个超级大国都拥有了足以多次毁灭地球上全人类的武器。但是，军备竞赛并没有停止。自冷战之初，美苏两个超级大国及其主要盟友便采取"以恐怖促和平"的政策，即通常所说的核威慑。

在世界其他地区看来，北半球地区的列强卷入看似永无休止的战争，这一事实导致列强及其代表的文明颜面扫地。更糟的是，虽然核威慑的政策带给北大西洋地区相对的和平，但却带来冷战双方在世界其他地区"代理人"间爆发的多场战争。仅在1945至1985年间，所谓的第三世界的各个地区便爆发过130场战争，导致3千5百万人丧生。[3]

美国人和欧洲人都认为，冷战是东西方在全宇宙范围内的冲突，或是美国一位总统所说的针对"邪恶帝国"的战争。但是，贫穷的南半球人却不这样认为。在他们看来，虽然东北角和西北角代表两种形态的西方文明，他们却像两个街头霸王，到处打架斗殴，毁掉了所有人的生活。20世纪的重大冲突不是东西方的冲突，也不是共产主义与资本主义的冲突，而是南半球与北半球、殖民者与被殖民者、"开发者"与"被开发者"的冲突。结果，在南半球人看来，西方许多报佳音式的"胜利"名不符实。对于所谓的胜利，许多南半球人仍在期待噩梦早日结束。从许多方面来看，他们的盼望正在实现。这还并非柏林墙被推倒这个划时代的戏剧性事件，而是另外相当关键的因素：北半球的生存离不开南半球，所以南半球开始向北半球渗透；结果，第三世界在"发达"国家的劳动力越来越多。

不管怎样，20世纪的最后几十年，全人类开始承受现代"进步"

---

[3] *Bulletin of Atomic Scientists*, February 1985, p. 12. Quoted by Luis N. Rivera Pagán, "Idolatría nuclear y paz en el mundo: breves reflexiones teológicas," *Apuntes* 7:1987, p. 77.

的代价。我们不能否认进步的价值，如新的医药技术和更快捷的通讯；但是，许多进步显然已经牺牲掉人类最本质的东西。许多时候，进步的代价是整个生态系统。地球显然无法维持所谓的发达国家的生活方式。如果全世界都像北大西洋地区那么"发达"，每两、三个公民就有一辆轿车，高速公路密布乡间，我们还可以有多久能呼吸新鲜空气呢？如果全世界都以"发达"国家的速度产出工业或其他废料，海洋还能存留多久呢？这些在"发达"国家的某些人看似奇怪的问题，却是第三世界的基督徒在努力思考如何构建未来时不断提出的。

上述三个发展——即一个真正意义的普世教会成长起来，我们已经进入后君士坦丁时代，北半球的文明对世人所谓的应许已经化为泡影——不只是第三世界的基督徒所要面对的，更是世界各地的基督徒必须面对的。越来越多的基督徒发现，他们的处境很像教会在君士坦丁时代之前的普遍处境。一名敬虔的基督徒，甚至一位教会领袖，不再享有以往受人尊敬的地位。教会不能再指望公立学校或其他社会习俗来教导基督教的价值观，以基督教对生活的理解来培养年轻人。越来越多的基督徒发现，他们同身边盛行的观念与习俗格格不入。许多基督徒干脆屈服了，或认定信仰是私人的事，信仰应当完全脱离日常生活。但是，许多基督徒继续争战，从而对信仰有了更深刻的理解，而他们的理解更像第三类神学。

这不仅发生在北大西洋传统的基督教地区，也在第三世界的"后起教会"。新的第三类神学同以前的第三类神学一样，没有把基督教主要理解为一条通往天堂的康庄大道。相反，基督教是一条线索，让我们瞥见上帝对人类历史的计划，邀请我们参予到上帝的计划中。20世纪，南非受压迫的黑人、中南美洲贫困的农民、欧洲和美国的妇女都发现了新神学。

新神学最早的迹象可以在20世纪上半叶卡尔·巴特（Karl Barth）的著作中看到。[4] 巴特受过当时最好的自由主义神学的训练，但他在第一次世界大战期间发现，他所学到的知识几乎同生活中现实的苦难无关。巴特在《罗马书注释》（*Commentary on Romans*）中开始探索、在《教

---

[4] *History*, 3:432–440.

会教义学》（*Church Dogmatics*）中完全成熟的神学，否定了前几代神学家肤浅的自由主义神学。但总的来讲，巴特没有回归新教正统神学的僵化体系。相反，他发展出一种不同的神学；这种神学越发依赖上帝的道，而上帝的道就是上帝，被作为神学惟一的源头和权威。这种神学再次以历史和末世论为核心，从而为更全面地复兴第三类神学开辟了道路。

诚然，巴特起初对自由主义的挑战做出的回应会让我们想到第一类神学。他努力摧毁自由派的一个观念，即人类的进步总能引领我们走向上帝；但是，巴特坚持认为上帝与人类之间的非延续性。这种坚决的主张通常是以正统加尔文主义来表达的，即强调人的完全堕落，以及上帝与人的距离。巴特早年认为，上帝与人类的距离如此巨大，以致上帝的恩典在堕落的人性中都找不到一个"接触点"。在这场争辩中，巴特反对他所说的"**和**的神学"（theology of the *and*），如启示**和**理性、启示**和**宗教意识等。巴特的说法非常像德尔图良说过的名言：雅典与耶路撒冷有何相关？雅典学院与教会有何相干？[5]

随着时间的推移，巴特缓和了这种立场，特别是他所谓的"基督中心论"（Christological Concentration）让他相信必须以不同的方法来思考上帝和人。1956年，巴特完成了"上帝的人性"（The Humanity of God）这个讲座。在讲座中，巴特略微调整了他之前驳斥各种"和的神学"与自由主义神学时提出的观点。巴特的解释是，他所反对神学主张可以通过研究人类的敬虔来认识上帝。然后，巴特对自己提出了一个问题：如果把上帝称为"完全的他者"（the Wholly Other），这种说法是否忽略了其他要点：

> 然而，这事实岂不是远远地躲避着我们、不为我们所知？即，永生的上帝——我们当然想要谈论祂——的神性的意义与能力只能体现在他的历史和他与 的对话中，从而体现在他与人的共在（togetherness）中。难道不是吗？事实上，这是我们无法逾越的临界点；与人共在出于上帝的主

---

[5] 参 "Das erste Gebot als theologisches Axiom," *Zwischen den Zeiten*, 12 (1933), 尤其是 p. 308. 另见他对布伦纳（Emil Brunner）的回应：*Nein! Antwort an Emil Brunner, Theologische Existenz heute*, No. 14.

权，共在的根基在于上帝，只由上帝决定，只由上帝规范，只由上帝安排……在耶稣基督里，人没有与上帝隔离，上帝没有与人隔离。相反，在耶稣基督里，我们遇见历史，展开对话，上帝与人从中相遇并与人共在，约其实是由双方共同订立、维持、和实现的。[6]

巴特的上诉主张基于上帝在耶稣基督里的作为和启示，而这日益成为巴特神学的核心："我们无需进行自由放任的研究，来发现并构想上帝到底是谁，上帝到底是什么，人到底是谁，人到底是什么；我们只需读懂关于上帝与人的真理，即落实在上帝与人的完全共在中、在耶稣基督里宣扬出来的上帝与人的约中的真理。"[7]

在这一点上，我们显然更接近我们已经探讨过的爱任纽神学的许多要点：历史作为上帝启示的处境，且是惟一处境；惟有在成为肉身的道、耶稣基督里才能理解何为真实的人，因为人类正是在与上帝的这种关系中才找到自己真实的存在。

当巴特阐释上述观点时，其他后起的一些神学家在基督论上也得出了类似的基督论观点。其中最著名的是迪特里希·朋霍费尔（Dietrich Bonhoeffer）。[8] 在第二次世界大战结束的前几天，朋霍费尔被纳粹杀害。在他的著作中，我们读到的许多内容都可以让我们想到第三类神学："教会是作为团契而存在的基督"；他以道成肉身为基础来呼吁建立一个世界公认的基督教；以及在《狱中书简》（Letters and Papers from Prison）中，朋霍费尔提出的令人费解的一个"成年的世界"（world come of age）。

近年来的神学更多地从朋霍费尔那里得到了灵感：在基督里"上帝的世俗化"（secularization of God）必然让我们通过世俗历史中的事件对上帝的作为有所认识。1961年，沃尔夫哈特·潘能伯格（Wolfhart Pannenberg）极具说服力地提出废除"世界史"与"救赎史"的传统区

---

[6] *The Humanity of God* (Richmond: John Knox, 1960), pp. 45–46.
[7] 同上，p. 47。
[8] *History*, 3:447–449.

分。[9] 在马克思主义者与基督徒的对话中，在大多数参与对话的神学家作品中，如约瑟夫·赫洛马得卡（Joseph Hromádka）和简·罗赫曼（Jan Lochman），他们对历史类似的关注发挥了重要作用。[10] 德国当代神学家于尔根·莫尔特曼（Jürgen Moltmann）[11] 举世闻名，因为他复兴了基督教末世论的核心地位。莫尔特曼宣称，他与马克思主义哲学家恩斯特·布洛赫（Ernst Bloch）论希望的名著的对话，在很大程度上帮助他重新发现了基督教的盼望观。[12] 不管怎样，重要的是历史再次成为改革宗神学的核心，正如我们所说的古代的第三类神学也以历史为核心。

在德国改革宗神学家取得这些进展时，瑞典路德宗传统也在复兴第三类神学的道路上阔步前进。瑞典路德宗传统的神学家被称为伦德学派（Lundensians），因为他们的神学诞生于伦德大学（the University of Lund）。伦德学派不相信19世纪的人对路德的典型解释，即路德是现代性的奠基者，德国的资产阶级自由主义神学是对路德的最忠实解读。

伦德学派早期的领军人物是安德斯·尼格伦（Anders Nygren）和古斯塔夫·奥伦（Gustav Aulén）。他们都精通历史神学，他们的研究得出截然不同的结论。他们所发现的路德，既不是日尔曼民族的自由主义之父，也不是新教正统神学的刻板神学家。他们发现，恶的权势在路德的神学中扮演着非常重要的角色，而自由主义神学和传统的正统神学都不强调恶的权势。他们认识到，对于路德来说，救恩并不是一种原则或一个教义，而是一幕剧（drama），即一场在耶稣的死亡与复活中发生的斗争。

伦德学派也在初期教会的思想中——特别是教父的思想中——探索路德神学的根源。他们没有特别特定研究某些教义，而是考察了路德和初期基督教作家都有的基本主题。因此，奥伦的《胜利者基督》（Christus Victor）具有关键性意义，因为正是奥伦首次说明了初期教会对基督工作的首要看法，即基督已经战胜恶的权势。奥伦认为路德也有同样看法，

---

[9] 同上，3:449。

[10] 同上，3:451–452。

[11] 同上，3:452–455。

[12] *Das Prinzip Hoffnung* (Frankfort: Suhrkamp, 1959). 英译本是：*The Principle of Hope* (Cambridge: M. I. T. Press, 1982)。

但这可能有些言过其实。重要的是，作为基督教的核心教义之一，关于基督的工作，初期教会的看法——特别是爱任纽的看法——不同于后来的神学所提出的主要理论。

因此，伦德学派的神学让世人了解到第三类神学的几个重要洞见：人类的困境在于我们被罪的权势所奴役；基督的工作在于战胜罪的权势，把我们从中解救出来；基督的工作以十字架、道成肉身和复活为中心。这一切都是从历史与整体的角度来理解的，而不是从布尔特曼和许多存在主义传统的个人与心理分析的角度。

当新教神学取得这些进展时，一些天主教神学家同样取得了类似进展。[13] 在20世纪的大部分时间里，天主教的官方立场仍是刻板地否定于19世纪出现的现代性。神学家需要格外小心，不能跨越雷池一步。实际上，几位当时最富有创造力的天主教神学家——其中几位后来成为第二次梵蒂冈会议的顾问——在不同时期都被禁止发表他们的观点。

在这种环境下，亨利·德·吕贝克（Henri de Lubac）和让·达尼埃卢（Jean Daniélou）还是通过系列著作《基督教源流》（*Sources Chrétiennes*）做出了重大贡献。他们受到教会保守势力的批评，因为他们选择出版的初期基督教作家的著作——特别是爱任纽的著作——都强烈质疑了当时公认的经院神学。

从长远来看，从教会初期基督教神学中汲取养分的新一代神学家在法国和世界各地涌现出来。被梵蒂冈禁言的德日进（Pierre Teilhard de Chardin）所提出的基督教的进化论同达尔文的进化论截然不同。德日进把基督设想为人类的未来（*homo futurus*），基督是一切进化的目标。这会让我们想到爱任纽的论述，即亚当和夏娃是按照成为肉身的道被造的。卡尔·拉纳（Karl Rahner）是20世纪最具影响力的天主教神学家，他同样提出道成肉身不只是上帝对罪的回应，更是一切受造物的目标。这同样是爱任纽的一个主题。

因此，当第二次梵蒂冈会议会议召开时，当上述各种暗流得被允许浮出水面时，此次会议的所言所行自然十分符合第三类神学。事实上，按照此次会议的理解，历史是基督教的核心信息，基督的"复归元首"

---

[13] *History*, 3:460–468; *Story*, 2:345–359.

是历史的核心："万物都是借着上帝的道造的，上帝的道成为人，住在人中间：作为完全的人，他进入世界历史，也使世界历史进入他里面，从而让历史复归元首。"[14]

第二次梵蒂冈会议没有公开支持任何一类神学。但是，第三类神学显然在不断影响此次会议。如果我们阅读此次会议的文件，所留下的印象是基督教的信息并非一系列律法或教义，而是一种历史观：一位充满爱的上帝创造历史，让人类掌管历史的发展，并使历史在耶稣基督及其最终的启示中终得完满。教会同人类其他人一起参与到这段共同的历史中。在这一朝圣之旅中，教会从圣餐中汲取营养；圣餐不但与十字架相关，还关乎上帝的未来。

尽管第二次梵蒂冈会议没有选择任何一类神学，但此次会议对第三类神学的运用加速了第三类神学的复兴。已经朝着这一方向努力的天主教神学家，清楚认识到他们已经得到继续前行的许可。这在拉丁美洲的天主教主教会议上表现的非常突出，此次会议于 1968 年在哥伦比亚的麦德林（Medellín）召开，会议推动了拉丁美洲解放神学（liberation theology）的发展。

解放神学——不仅有拉丁美洲解放神学，还有黑人解放神学、女权主义解放神学和其他各种解放神学——自然沿着第三类神学的方向阔步前进。受压迫的人期盼建立新秩序，所有解放神学都是从不被接纳的人的角度提出的，因此，历史这一范畴成为所有解放神学的根基：[15] 历史并非一门学科；历史是人类生活与奋斗的具体景象。解放神学同以前的第三类神学一样，都强调具体的真理——即历史的真理——高于抽象的通则。事实上，令许多解放神学家心存疑虑的是，所谓的普世真理只是从强权者的角度来理解的真理。基督教不在于一系列教义或规条，而在于道成肉身的上帝在历史中的作为。

由于这种的历史中心论，以及神学家的参与，解放神学在其他方面也复兴了第三类神学，如解放神学敏锐意识到恶的权势。解放神学家所

---

[14] *The documents of Vatican II*, "The Church in the Modern World", 38.
[15] 关于拉丁美洲神学家、黑人神学家和女权主义神学家对此的评述，参 Justo L. Gonzalez and Catherine G. Gonzalez, *The Liberating Pulpit* (Nashville: Abingdon Press, 1994), pp. 22–24.

说的种族主义、性别歧视或新殖民主义，不同于其他人常有的理解；解放神学家所说的不只是种族主义者、性别主义者或新殖民主义者总的态度。解放神学家是在说惟一的恶（the Evil），恶的作为并不神秘，但恶的权势常常十分诡秘。

在这种背景下，许多解放神学家自然会把基督理解为胜利者、征服者或解放者。在拉丁美洲形成的新的崇拜礼仪当然也不会以基督的死为中心，其中心是基督的道成肉身、复活和最终的掌权。

最终，重要的是，解放神学特有的释经工具是预表法。《圣经》之所以对我们说话，是因为我们在其中能够找到我们自己历史的类型或预象：上帝呼召人出埃及；第二以赛亚（the Second Isaiah）应许从被掳之地归回；马利亚歌颂权贵将被贬低；耶稣把孩子置于核心地位；上帝在初期教会使用穷人和愚人来羞侮富人与智者；这些都是上帝当今的独特作为。

如果没有崇拜礼仪改革对我们主日崇拜的影响，上述各种思潮所复兴的第三类神学不会对教会日常生活产生那么大的影响。崇拜学史学家和神学史学家早已认识到，教会的崇拜方式与教会的信仰内容息息相关。崇拜不但表达神学，还塑造神学。近年来，古代教会崇拜礼仪的复兴，使各种新的第三类神学有了新的表达方式，也使各种新的第三类神学能更好地牧养信徒。

在20世纪的许多时间里，神学家始终在探索能更准确表达教会信仰的崇拜仪式。神学家进行了各种探索：罗马天主教恢复了方言弥撒；天主教徒和新教徒编辑并出版了新的赞美诗集；讲道与崇拜礼仪的关系更加紧密；新教徒越来越多地使用"主日崇拜年历"和"主日崇拜经题"。

然而，最重要的探索是复兴古代基督徒的崇拜礼仪。相比于以前的两、三代人，我们现在通过历史研究而更多了解到基督教会最初几百年的洗礼和圣餐。在这一方面，其中十分重要的一步一份古代文献最终被归属于希坡律徒。希坡律徒生活在罗马，他处于第三类神学向第一类神学的过渡时期。[16] 希坡律徒同第一类神学的大多数神学家一样，自认为是传

---

[16] *History*, 1:229–35. 请注意：希坡律徒同爱任纽一样把基督的工作理解为"复归元首"，在末世论上也追随爱任纽。但是，希坡律徒的道德严格主义更像第

统观点的捍卫者。学者们相信，他在文献中所描述的崇拜礼仪很可能反映出他以前的教会的崇拜方式。如果他知道当今崇拜仪式的许多革新，便一定会提出质疑。因此，希坡律徒所描述的崇拜仪式可能属于爱任纽和德尔图良的时代。重要的是，早于希坡律徒几年、生活在地中海对岸的德尔图良，他所描述的洗礼在大多数方面都相近于希坡律徒的描述。

根据这些见证，以及其他许多文献的残篇，学者们在很大程度上再现了教会在君士坦丁归信基督教之前的公元2、3世纪的崇拜礼仪。这项研究日益影响到基督徒个人和负责为各个宗派研发崇拜资源的委员会。结果，学者们所取得的广泛共识不仅反映出教会很久以前的崇拜礼仪，也是对第三类神学强有力的支持。

两个例子便足以说明问题。随着基督徒越发认识到自己的信仰与社会的信仰分歧越来越大，洗礼有了新的意义。在后起教会和许多传统教会中，相比于被动受洗的婴儿，主动受洗的成年人越来越多。接受基督教信仰日益成为一种有意识的决志，有时还要付出沉重的代价。这同样是初期教会的情况。为了表现得更为形象，洗礼包括一种"弃绝"的行为：新信徒弃绝魔鬼和魔鬼的一切工作。这种做法的神学依据显然是这样一种历史观：历史是上帝与恶的权势进行争战的大战场；洗礼代表信徒被嫁接到已经得胜的、已经复活的头——即耶稣基督——的身体，而这通常是教会在复活节举行洗礼原因之一。

重要的是，类似做法被列入许多最近发展起来的洗礼仪式中。世界基督教联合会（World Council of Churches）的《洗礼、圣餐与圣工》（*Baptism, Eucharist and Ministry*）提出任何"全面的洗礼仪式"都应该包括"弃绝恶"这一项。[17] 1976年，联合循道宗教会（United Methodist Church）公布一份新的洗礼仪文，其中对受洗者提出的问题是："你是否弃绝罪的捆绑和这个世界的不公？"[18] 同样，在美国长老会（Presbyterian Church U.S.A.）新的洗礼仪式中，准备受洗的信徒同样会被问到

一类神学，最终导致他与罗马其他教会决裂。重要的是，当时，他和对手加里斯都（Callistus）的争论似乎是在第一类神学的框架内进行的。

[17] *Baptism, Eucharist and Ministry* (Geneva: World Council of Churches, 1982), p. 6.
[18] *A Service of Baptism Confirmation and Renewal* (Nashville: United Methodist Publishing House, 1976), p. 15.

类似问题："你是否弃绝恶及其在这个世界上败坏上帝的义与爱的权势？……你是否弃绝使你与上帝的爱隔绝的罪恶之道？"[19] 类似的"弃绝"还可以在天主教、路德宗和圣公会的崇拜礼仪中看到。

圣餐仪式同样有类似改变。西方大多数"传统的"崇拜礼仪都起源于中世纪。当时，圣餐几乎只和基督的受难有关，所以便有了葬礼的意味。相反，初期教会的圣餐的确是一种庆祝活动；圣餐不只是，也不主要是纪念耶稣的受难。最重要的是，圣餐庆祝耶稣的复活，以及耶稣最终荣耀的再来。新的圣餐礼复兴了初期教会的理解和做法。圣餐礼的开场白便可以明确说明传统与现代的差异：大多数传统圣餐礼的开场白虽在细节上有所不同，但基本都是"你们所有人都真心实意悔罪"，而长老会的《崇拜手册》（*Worshipbook*）是典型的新崇拜礼仪，其圣餐礼的开场白却是"朋友们：这是上帝的子民喜乐的宴席！"

如今，两项圣礼——洗礼和圣餐——都能说明基督徒的一种看法，把基督教信仰的喜乐与教会一种清醒的认识结合在一起：现今的秩序不是上帝的国；上帝对基督徒的呼召仍是继续在世上争战；这个世界不同于君士坦丁时代所要我们相信的——这个世界仍是福音的敌人。我们之所以喜乐，是因为基督已经复活；我们之所以必须与基督一同受苦，是因为基督还没有再来。这是第三类神学的核心，是教会在当今新的形势中越来越需要的。

毫无疑问，第三类神学的复兴导致分歧与分裂。怨声载道的人说："他们夺走了圣餐的神圣性，把圣餐变成一场普通的宴会"，教会正在带领许多基督徒进行不符合他们神学的崇拜。有些信徒把基督教信仰理解成一种律法、罪、债和还债的问题；他们难以从"上帝的子民喜乐的筵席"中得到安慰，除非他们改变自己的神学前提。

与此同时，数百万基督徒实际的生存状况是：他们必须不断与一个充满敌意的世界作斗争，努力改变这个世界的结构和惯例，以使这个世界更符合上帝的旨意。他们在这样的仪式中寻得信仰强有力的确据。我们在导言中提到的那位难以被归类的牧师，因为他/她既不是自由派，

---

[19] *Holy Baptism and Service for the Renewal for the Baptism*, Supplemental Liturgical Resources No. 2 (Philadelphia: Westminster, 1985), p. 28.

也不是保守派，他是从当代第三类神学的角度来解释《圣经》。同样，导言中的那位教授相信《以赛亚书》53章在成书时指以色列人，但这段经文同样适用于耶稣，他只是在用第三类神学特有的预表法解释《圣经》。

导言中的那位医生自称难以继续持守在成长中所学到的基要主义信仰，他也不相信自己的自由派教授的信仰。他深感困惑，因为他的信仰似乎同他的处境无关：他要始终面对科技的奇迹，以及滥用科技可能导致的各种后果。或许还有一种神学可以帮助他，让他看见上帝在历史和技术进步上的作为，同时又不忽视魔鬼对人类整个历史——包括科技——的搅扰。

本书在世纪之交写成。我们一同回顾了几乎2千年的基督教史，并在整个基督教史的大背景下来看最近几十年的基督教，便会明白我所强调的教会生活中的三个进展——即一个真正意义的普世教会成长起来，我们已经进入后君士坦丁时代，北半球的文明对世人所谓的应许已经化为泡影——具体说明了教会之外大环境中的进展。鉴于我们没有更好的说法，就暂且将其称为现代性的衰弱。

简单来说，"现代性的衰弱"意味着，我们正在走出一个由客观性与普遍性的双重神话所主导的时代。现代人相信真理具有客观性，真理的客观性必然使真理具有普遍的可知和有效性。现代人之所以持守这种信念，部分原因是物理学的成功，以及物理学在科技上的应用。尽管客观的普遍真理从理论上讲确实存在，但除了在物理学非常有限的领域内，人类其实根本无法把握客观的普遍真理，甚至在物理学非常有限的领域内也没有。早在19世纪，克尔凯郭尔（Kierkegaard）便警告过世人："存在主义系统是不可能的"，因为尽管"实在本身便是一个系统"，但它只对上帝而言是，而对其他任何湮没在存在现实中的存在者却永远不是。[20] 半个世纪后，西班牙哲学家何塞·奥特迦·加赛特（José Ortega y Gasset）正确地说："尽管理性主义的呈现方式各有所不同，理性主义其实是一种不以观察、而以命令为特点的态度。在理性主义中，思想不

---

[20] *Concluding Unscientific Postscript* (Princeton: Princeton University Press, 1941), p. 107.

只是观察；思想是立法，是发号施令。"[21]

虽然奥特迦只是在说哲学问题，但他的论述展现出非凡的洞见：我们在 20 世纪最后几十年的一个发现是，现代性所谓的客观性和普遍性的确实动机是统治。在国际上，北半球的列强利用它们来为列强统治世界其他地区的企图正名，以致我们可以证明殖民主义便是全副武装的现代性的化身。[22] 在神学领域，已经十分明显的是，曾被我们奉为标准的、普世的那种神学在很大程度上只是北大西洋地区白人男性的神学，由于他们是统治者，他们才能够说服自己和别人相信他们的神学确实是普世性的。结果，西方新教与天主教的主要神学家都患有近视眼这个典型的现代病。正如乔治·林贝克（George Lindbeck）所说：

> 坚持圣经无误的新教徒和相应天主教的传统主义者，都可能在饱受各种庸俗的理性主义的折磨：此种理性主义源自希腊哲学，通过笛卡尔和后笛卡尔的理性主义传承下来，再经由牛顿科学所巩固。但是，在教会的最初几百年，一致性的本体论真理尚未局限于命题主义（propositionalism）。基要派的字句主义（literalism）同经验式表现主义（experiential-expressivism）都是现代性的产物。[23]

如今，现代性行将就木，曾惨遭现代性排斥而被贴上非理性标签的许多观点和见解再次登上前台。既然我们不一定非要认同现代性的"元叙事"，数代以来生活在现代性边缘的人（在许多情况下，我们可以把现代性社群称为"被现代化的人"，而不是"现代化的人"）便不能再因为这些理由而被忽视：如他们不是"客观的"，他们的观点是"特有的"或"片面的"，所以不是普遍的。

在神学领域，这正在引发两场相关的探索。首先，探索一种在林贝

---

[21] "Ni vitalismo ni racionalismo," in *Obras completas* (Madrid: Revista de Occident, 1947), 6:279.
[22] 参 Ashis Nandy, *The Intimate Enemy: Loss and Recovery of Self under Colonialism* (Delhi: OUP, 1983).
[23] *The Nature of Doctrine: Religion and Theology in a Postliberal Age* (Philadelphia: Westminster, 1984), p. 51.

克所说的"后自由主义时代"有效的神学方法。林贝克认识到,在一个现代性的元叙事日益衰弱的时代,研究教义的"命题法"和"经验式表现法"都不再是非常有效的方法。林贝克提出一种"语言-文化"模式,这种方法的核心是"语言与文化形成、塑造、在某种意义上构成了人的经验。"[24] 鲜有人会说语言或文化是现代性的命题式的"真理"。当然,语言和文化都有自己的规则。有了这些规则,我们可以判断哪些是"错误的",哪些是"正确的",只不过我们永远只能在其自身的语言系统范围内做判断。

重要的是,这使林贝克对教义本质的理解更接近初期教会的第三类神学。林贝克和爱任纽都以历史为核心范畴,甚至认为"要想成为基督徒,便必须很好地学习以色列与耶稣的历史,以此来解释与经验自己和自己的世界。"[25] 结果,林贝克提倡复兴预表解经法:

> 在理性主义、敬虔主义和历史批判法的协力猛攻之下,预表解经法崩溃了。《圣经》不再是神学家用来理解世界的透镜;相反,《圣经》主要成为一个研究对象,其宗教意义与文字意义都脱离了《圣经》自身。[26]

> 预表法没有把经文变成经文以外的实在的隐喻,而是正好相反。预表法没有建议信徒在《圣经》中寻找自己的故事,而是把《圣经》的故事变成他们的故事。这与我们今天通常所说的不同。[27]

随着我们踏入第三个千年,神学所取得的另一个进展是,神学复兴了同纯粹的普世性或普遍性(universality)不同的大公性(catholicity)的意义。爱任纽在解经时探讨过《新约》的正典对福音四种形式的见证。在另一本书中,[28] 我根据爱任纽的解经论证过大公性的完整意义包括视

---

[24] 同上,34 页。
[25] 同上。
[26] 同上,119 页。
[27] 同上,118 页。
[28] *Out of Every Tribe and Nation: Christian Theology at the Ethnic Roundtable* (Nashville: Abingdon, 1992), pp. 18–27.

角的多样化,而视角的多样化却是经常被"普世性"所排斥的(或被"普世性"纳入一个强势一统的整体中),所以从这种意义上讲,"普世性"不是"大公性"的同义词,而是"大公性"的反义词。

对于 21 世纪来说将会有一个重要的议题,而第三类神学及其复兴很可能给未来指明道路。随着"处境化神学"(contextual theology)的发展与丰富,越来越明显的是,每一种神学其实都是处境化的,所以根本不存在固有的普世性,教会的合一和大公性便有了新维度。坦率地讲,"处境化神学"的反对者提出的问题值得思考:有了黑人神学、女权主义神学、妇女神学和拉美裔妇女神学(mujerista theology)等各种神学,教会还能合一吗?这不是在谴责我们进行神学割据吗?这不正是在分裂教会吗?

但凡神学是林贝克所说的"命题式的"或"经验表现式的",或我们所说的第一类神学和第二类神学,这种危险确实存在。这几种神学根本不可能认识到人类可以从不同的角度获得知识,或人类的知识是片断不完整的,而且无法避免这一认识不会分裂神学和教会。

另一方面,如果我们像第三类神学那样以历史作为范式来理解神学,有着不同的经历与视角的各种人自然可以有着相同的历史。(我们可以用林贝克的关于语言的隐喻来说明:说相同语言的人可能有不同的观点,甚至相互争论;尽管他们各自坚持完全不同的主张,却仍属于同一类人。)作为有着不同的文化、阶级和性别的基督徒,如果我们能够采用林贝克的方法,即学好以色列与耶稣的历史,以此来解释我们自己和我们的世界,那么,我们当然就有相同的历史。虽然我们当今的历史多种多样,却是同一类人的历史,而这段历史同所有真实的历史一样,都不能简化为一段单一的、简单的、普世的历史叙事。在未来,我们拥有相同的历史和相同的受造目标,我们都顺服同一位上帝,而我们还是只能从我们各自不同的角度来解释这段历史,从而丰富这段历史。

因此,在我即将写完本书时,当我展望新千年,在人类继续争取至关重要的公义与和平时,当基督徒继续思考难懂的教会大公性时,我希望看到教会能够更充分地复兴我们所说的第三类神学。或许事与愿违,我是错的。但是,我们肯定都确信一件事:历史的主——为了我们而进入历史的主——仍将与我们同在,在我们给自己与后代造成的苦难中同我们一起受苦,呼召我们——且永远呼召我们——分享他复活的神迹与盼望。诚心所愿!

索引

A

阿伯拉尔 10, 12-128, 134
阿尔勒的该撒里乌斯 119
阿格里皮努斯 22
阿奎那 128, 137, 141
阿里乌主义 2, 44
阿明尼乌 136
阿塔纳修 2, 44, 107
阿特纳哥拉斯 37
爱尔兰 119, 122, 125
爱任纽 10, 31-34, 37, 42, 45, 47-53, 55-56, 62-69, 71, 74, 78-82, 94-97, 103, 106, 111, 113, 130-132, 141, 155, 157, 159-160, 164-165
安布罗斯 90, 123
安莫尼乌斯·撒卡斯 28
安瑟伦 123-124, 127, 133
安提阿的狄奥斐卢斯 49
安提阿的伊格纳修 32
安提阿的犹斯塔修 107
安提阿学派 33, 103
奥古斯丁 3, 9, 42, 93-94, 101, 109-118, 121, 127-128, 136

奥利金 10, 27-29, 31-34, 37-38, 42-49, 53, 55, 59-62, 69, 75-79, 81-82, 87-91, 94, 103, 105-107, 110, 121-122, 125-127, 141-142
奥伦 63, 156
奥斯本 44
奥斯曼帝国 151

B

《巴门宣言》 132
巴尔干半岛 151
巴拿巴 30
巴特 10, 139, 145, 153-155
柏柏尔人 22, 114
柏拉图/柏拉图主义 27-29, 34, 43-44, 47, 53, 59, 65, 69, 78-79, 82, 88-92, 97, 102, 107, 109, 110-112, 125-127, 134, 136, 141-142
鲍尔 137
庇护九世 141, 150
庇护十一世 147
波利卡普 31-34, 53, 69, 82, 95, 106
波利瓦尔 151

波舒哀 137
伯拉纠主义 112
卜尼法斯八世 122
补赎 58, 118-123, 129
　　另参，赎罪 55, 69, 83, 120-124,
　　　　127, 129-130, 140
　　　　认罪 119-120, 129
补赎书 120, 122
布尔特曼 141-142, 157
布伦纳 154
布洛赫 156
布匿战争 22, 114

C

《创世记》 42, 45-46, 49, 52, 131
查斯丁 31-34, 37, 43-45, 48, 53, 69,
　　73-74, 80, 82, 90
称义 129-134, 136
　　另参，因信称义 129-130, 132, 134
成圣 133, 136
传教士 / 传教运动 148-150
创造 / 受造物 1, 19, 23, 33, 37-49, 50,
　　59-61, 64-68, 72, 82, 104, 110,
　　112, 125-126, 131, 134, 142,
　　145, 157-158
　　另参，从无中创造 42
茨温利 133
存在主义 141-142, 157, 162

D

达尔文 137, 157
达尼埃卢 157
大阿尔伯特 137
大格列高利 117-118, 121, 123, 142
戴克里先 104-105
道成肉身 33, 38, 50, 62-65, 124, 155,
　　157-159

德·吕贝克 157
德尔图良 9, 22-25, 29, 32-34, 37-38,
　　40-43, 47-53, 55-59, 69, 71-75,
　　77-79, 81-82, 92-94, 96, 102,
　　109-112, 118, 123, 141, 154, 160
德尔图良派 59
德日进 157
等级制度 116, 126
笛卡尔 97, 134-135, 163
地狱 61, 121, 126, 139
第二次世界大战 151-152, 155
第五次普世大公会议 62, 107
第一次世界大战 151, 153
蒂利希 141-142
多纳徒派 114-115, 118
多神论 37-39, 43, 45
堕落 45, 47, 57, 59-62, 64, 104, 111-
　　113, 121, 142, 154

E

恶 1-2, 8, 39, 41, 51-52, 63-66, 69,
　　71-72, 76-77, 82, 93, 97, 107,
　　109, 111-112, 119, 124, 127,
　　130-131, 133, 139-140, 152,
　　156, 158-159, 160-161
恩典 33, 39-40, 57, 74, 103, 112-113,
　　116, 130-131, 133, 136, 154

F

梵蒂冈城 149
梵蒂冈会议 141, 145, 147, 157-158
　　另参，第一次梵蒂冈会议 141
　　　　第二次梵蒂冈会议 145,
　　　　147, 157-158
斐洛 28, 34, 44, 53, 69, 76, 82
佩尔培图阿与费莉西塔斯 22, 93

复归元首 63-64, 157-159
复活 39, 52, 58, 63-64, 66, 78, 120, 123, 131, 133, 140, 156-157, 159-161, 166

G

哥特人 117
哥特瓦尔得 106
功德库 120-122, 129
古利奈 30
关联法 141
光照 59-62, 69, 83, 124, 128, 136, 139

H

哈德良 26
哈纳克 10, 138
海德格尔 142
赫洛马得卡 156
赫马 25, 34, 53, 57-58, 69, 82, 118
赫莫杰尼斯 42
黑格尔 97, 137
黑森的腓力 132
后起教会 148-150, 160
护教士 43, 101-102, 104
护教学 90, 91
悔罪 55-57, 133, 161
  另参，认罪 119-120, 129
      补赎 58, 118-123, 129
      赎罪 55, 69, 83, 120-124, 127, 129-130, 140

J

基督 1-3, 5, 8-11, 15-17, 19, 21-35, 37-43, 45, 47-53, 56-58, 60-61, 63-69, 71, 73-78, 80-83, 85-97, 99, 101-110, 113, 114, 118-143, 147-151, 153-162, 164-165
  另参，基督的工作 56, 61, 63, 66, 69, 83, 123-124, 127-128, 130, 133, 142, 157, 159
基督一志论 109
基要主义 10, 16, 86, 140-142, 147, 162
加尔文/加尔文主义 2, 9, 133-134, 136, 154
加莱里乌斯 104, 105
加萨的普洛科皮乌斯 49
迦太基 21-22, 25-26, 30, 33-34, 53, 55, 59, 69, 77, 82, 92, 94, 110, 114
教宗无误 141
解放/解放神学 10, 124, 145, 158-159
进化论 137, 157
经验主义 135
经院神学 121, 128, 134, 135, 157
敬虔主义 134-136, 164
军备竞赛 152
君士坦丁 94, 101, 103-104, 106-108, 114, 149-151, 153, 160-162
君士坦丁堡 108
君士坦丁时代的终结 150

K

《克雷芒二书》 25, 34, 53, 57-58, 69, 82
凯尔特人 95
凯里 150
凯撒利亚 26-27, 103
凯撒利亚的尤西比乌 26, 103
凯瑟琳·冈萨勒斯 5
康德 135
科技 7-8, 151, 162

L

拉丁美洲 10, 147-148, 150, 158-159
拉克坦提乌斯 93-94
拉纳 157
莱布尼兹 135
劳森 81
劳申布施 139-140
冷战 7, 152
礼仪改革 145, 159
里昂 31-32, 56, 94-95, 121
　　另参，高卢 32, 119
理性主义 134-135, 162-164
利策尔 138-139
炼狱 58, 120-123, 129
灵魂 23, 39, 41, 43, 46-47, 59-61, 66, 76-77, 85, 88, 109-111, 116, 123, 128, 134-135, 138
　　另参，灵魂的不朽 39
　　　　灵魂的先存 46
鲁菲纳斯 78
路德 2, 58, 129-136, 145, 149, 156, 161
路德宗 132-136, 145, 149, 156, 161
路德宗正统神学 134
伦德学派 156-157
罗赫曼 156
罗马的克雷芒 25, 34, 41, 53, 69, 82
逻各斯 44-45, 48, 60
　　另参，上帝的道 33, 50-51, 60, 65-67, 74, 131, 134, 154, 158
洛克 135
律法 9-10, 25, 34, 39-41, 48-49, 51, 53, 55-56, 58, 62, 68-69, 73-74, 78-79, 81-83, 94, 104, 109, 112-113, 116-117, 119, 120-121, 125-126, 127, 135, 142-143, 158, 161

M

《谬论举要》 150
马可·奥勒留 24, 105
马克思 137, 156
马克思主义者与基督徒的对话 156
马西昂/马西昂主义 39-41, 46, 73-74
麦德林 158
麦克穆伦 86
美国 15, 53, 86, 139, 142-143, 147-150, 152-153, 160
美国革命 148-149
孟他努派/孟他努主义 22, 58, 59, 74
米兰德 89
米努西乌斯·菲利克斯 22, 93-94
民族主义 150-151
明斯特 133
摩尼教 109
魔鬼 51, 61, 130, 138, 160, 162
莫尔特曼 156
莫妮卡 109-110
墨西哥革命 149

N

尼布尔 94
尼尔 148
尼格伦 156
尼禄 104
聂斯脱里主义 108
农民战争 132
奴隶 95-96, 136
诺斯替主义 2, 38-39, 43, 45-46, 59-60
诺瓦替安派 118

P

帕皮亚斯 31, 68, 106-107
潘代努斯 27

潘菲鲁斯 103
潘能伯格 155
朋霍费尔 10, 155
迫害 27, 30, 32, 37, 57, 90, 93, 95, 97, 101, 103-106, 149
普林尼 24, 95, 105
普罗提诺 28
普世的教会性 147, 153

Q

《七十士译本》 28
《启示录》 30, 32, 52, 68, 95, 106-107
千禧年 58, 68
　　另参，末世论 46, 58, 106, 154, 156, 159
琼斯 95

R

人类的未来 157
认罪 119-120, 129
　　另参，补赎 58, 118-123, 129
　　　　　悔罪 55-57, 133, 161
　　　　　赎罪 55, 69, 83, 120-124, 127, 129-130, 140
日耳曼人 108
肉体 39-41, 43, 45-47, 59-60, 66, 72, 77, 88, 126

S

撒但 51-52, 62-65, 130
撒摩撒塔的保罗 107
塞尔索 87-88, 90, 105
塞兰坡 150
塞琉古一世 29
塞维安努斯 26

塞维利亚的依西多尔 119
赛浦路斯 30
三十年战争 149
三位一体 23, 41, 48, 56, 107-109
　　另参，上帝的双手 48
上帝 1, 3, 8-11, 25-26, 29, 33, 37-53, 55-69, 72-83, 89, 91-93, 96-97, 101, 103-114, 116, 121-126, 128-136, 138-142, 153-162, 165
　　另参，三位一体 23, 41, 48, 56, 107-109
上帝的道（话） 33, 50-51, 60, 65-67, 74, 131, 134, 154, 158
　　另参，逻各斯 44-45, 48, 60
上帝的国 68, 105, 133, 138-140, 161
上帝的经世行动 78
上帝的双手 48
　　另参，上帝的世俗化 155
上帝的形象 50, 60
上帝独作论 109
上帝偏爱穷人 88
社会福音 86, 139-140
赦罪 25, 39, 69, 83, 112, 118, 120, 122-123, 132
神化 67
神秘主义 28, 67, 126, 129
圣餐 15, 58, 61, 66, 120, 123, 133, 158-161
圣洁 142
圣经无误 140, 163
圣礼 46, 57, 61, 69, 83, 120, 133, 161
十字军 122
士每拿 31-32
世界基督教联合会 160
试探 56-57, 66, 93, 114, 132
赎罪 55, 69, 83, 119-124, 127, 129-130, 140

赎罪券 122, 129
斯宾诺莎 134
斯多葛主义 24-25, 28, 34, 40, 42, 53, 69, 82, 111
埃里金纳 125-126, 134, 141
斯特劳斯 137

T
塔提安 37, 88, 102
特洛尔奇 137-138
天使 50-51, 61, 96, 113, 138
童贞女生子 140
秃头查理 125
图拉真 23, 105
图密善 95, 104
推罗 21, 27
托勒密王朝 25

W
汪达尔人 115, 117
围剿派 115-117
维提乌斯·埃帕加修斯 95
伪迪奥尼修斯 125-126, 141
卫斯理 136
卫斯理主义 136
位格 41, 48, 56
乌尔班二世 122

X
希坡律徒 118, 159-160
奚拉里 123
奚普里安 93-94
洗礼 56-58, 61, 66, 118-121, 131-134, 149, 159-161
洗礼时的"弃绝" 160

先知 57, 73-75, 78-80
现代主义 140-141
小亚细亚 21, 29-34, 53, 68-69, 82, 95-96
新柏拉图主义 28, 109-112, 126, 142
新教经院神学 134, 135
新亚当 63-65
行奇事的格列高利 90
休巴克 114
叙利亚 21, 29, 32, 34, 53, 69, 82, 95
　另参，安提阿 21, 29-34, 49, 96, 103, 107
循道宗/循道宗的 136, 148, 160
殉道 22, 27, 30-32, 57, 80, 89-90, 93-95

Y
亚当和夏娃 42, 49, 51-52, 63, 67, 111, 157
亚里士多德 97, 127-128, 136
亚里士多德哲学 97, 128, 136
亚历山大 10, 21, 25-31, 33-34, 43, 47, 49, 53, 59-61, 68-69, 76, 82, 87-94, 96, 103, 121, 128, 139, 141
亚历山大大帝 25
亚历山大的克雷芒 27, 29, 34, 43, 47, 49, 53, 60, 69, 82
耶路撒冷 21, 23-24, 30, 52, 64, 89, 133, 154
一神论 37-38
伊拉斯谟 130
以弗所 30, 32, 64
汉森 46, 76, 78, 82
隐寓/寓意解释法 28, 73, 76
印度 150
英格兰 136
　另参，大不列颠 119, 122, 135

犹太人 21, 26, 28-30, 37, 39, 44, 47-48, 73, 75-77, 88-89, 104-105, 135-137
　另参，犹太教 28, 30, 38, 88, 135, 137
预表法 79, 80, 83, 159, 162, 164
预定论 112-113, 116, 130
约翰 30, 32-33, 39, 71, 76, 106, 125, 131

53, 69, 82, 112
　受洗后的罪 57-58, 118-120, 132
罪得赦免 56, 119, 129-130

Z

再洗礼派 133-134, 149
朝圣 114, 122, 129-130, 158
折衷主义 27, 105
哲学 2, 24-30, 34, 38, 43-48, 53, 69, 76-79, 81-82, 88-94, 96-97, 102-104, 107, 109-110, 117, 127-128, 131, 133, 135-138, 156, 162-163
真理 3, 10, 23, 27-29, 33-34, 43, 46, 53, 69, 75-78, 81-82, 92, 94, 103, 108, 110, 131, 134-135, 138-139, 155, 158, 162-164
正典 71, 164
正统加尔文主义 154
正义战争 114-116
殖民主义 147, 150, 159, 163
资产阶级 106, 139-140, 156
自然宗教 135
自由主义 10, 16, 137-141, 147, 153-154, 156, 164
宗教历史学派 138
罪 1, 9, 23-25, 33, 37, 39-43, 45-47, 49-53, 55-66, 68-69, 77, 79, 82-83, 109, 111-114, 118-124, 126-133, 136, 140, 142, 157, 160-161
　另参，必死的罪 120
　　　原罪 37, 40, 42-43, 47, 52-

www.ingramcontent.com/pod-product-compliance
Lightning Source LLC
Chambersburg PA
CBHW021148080526
44588CB00008B/264